Paróquia

Dados Internacionais de Catalogação na Publicação (CIP)
(Câmara Brasileira do Livro, SP, Brasil)

Reinert, João Fernandes
  Paróquia : casa da iniciação e comunidade de sujeitos eclesiais / João Fernandes Reinert. – Petrópolis, RJ : Vozes, 2020.

  Bibliografia
  ISBN 978-85-326-6374-0
  1. Catequese – Igreja Católica – Ensino bíblico 2. Comunidade – Aspectos religiosos – Igreja Católica 3. Comunidades cristãs – Igreja Católica 4. Cristianismo 5. Educação religiosa 6. Paróquias 7. Vida cristã I. Título.

  19-31444   CDD-259

Índices para catálogo sistemático:
  1. Comunidades cristãs : Igreja Católica : Cristianismo   259

Maria Alice Ferreira – Bibliotecária – CRB-8/7964

João Fernandes Reinert

PARÓQUIA

Casa da iniciação e
comunidade de sujeitos eclesiais

EDITORA
VOZES

Petrópolis

© 2020, Editora Vozes Ltda.
Rua Frei Luís, 100
25689-900 Petrópolis, RJ
www.vozes.com.br
Brasil

Todos os direitos reservados. Nenhuma parte desta obra poderá ser reproduzida ou transmitida por qualquer forma e/ou quaisquer meios (eletrônico ou mecânico, incluindo fotocópia e gravação) ou arquivada em qualquer sistema ou banco de dados sem permissão escrita da editora.

CONSELHO EDITORIAL

Diretor
Gilberto Gonçalves Garcia

Editores
Aline dos Santos Carneiro
Edrian Josué Pasini
Marilac Loraine Oleniki
Welder Lancieri Marchini

Conselheiros
Francisco Morás
Ludovico Garmus
Teobaldo Heidemann
Volney J. Berkenbrock

Secretário executivo
João Batista Kreuch

Editoração: Elaine Mayworm
Diagramação: Sheilandre Desenv. Gráfico
Revisão gráfica: Nilton Braz da Rocha / Fernando S.O. da Rocha
Capa: Ygor Moretti

ISBN 978-85-326-6374-0

Editado conforme o novo acordo ortográfico.

Este livro foi composto e impresso pela Editora Vozes Ltda.

Sumário

Introdução, 9

1 A emergência do sujeito moderno e a interdependência entre o local e o global, 13

1.1 Ser sujeito na cultura contemporânea, 13

1.2 *Comunidade de comunidades*, o pluralismo sociocultural e a conectividade, 17

2 Jesus, a Igreja primitiva e a dignidade dos sujeitos sociais e eclesiais, 22

2.1 Jesus resgata a dignidade das pessoas, 22

2.2 O protagonismo eclesial de toda a comunidade na Igreja primitiva, 25

2.3 A atualidade do axioma "cristãos não nascem, se tornam", 30

2.4 A urgência da consolidação do binômio *comunidade-carismas e ministérios*, 35

3 *Comunidades de comunidades, sujeito eclesial e iniciação à vida cristã:* em busca da identidade, 41

3.1 A que se propõe a configuração paroquial *comunidade de comunidades*, a consolidação de todos os fiéis como *sujeitos eclesiais* e a *iniciação à vida cristã de inspiração catecumenal?*, 41

3.2 Alargando o horizonte de compreensão de *comunidade de comunidades, sujeito eclesial* e *iniciação à vida cristã*, 46

3.3 A importância das definições e seu contexto eclesial, 52

3.4 Configurar-se de forma condizente com sua autodefinição, 57

3.5 Por uma cultura do encontro, 60

3.6 Iniciação à vida cristã, encontro entre dois sujeitos: Jesus Cristo e o iniciando, 64

3.7 A Trindade e a espiritualidade da configuração eclesial *comunidade de comunidades,* da cidadania dos cristãos *sujeitos eclesiais* e da *iniciação à vida cristã*, 67

4 As várias expressões da concretização de *comunidade de comunidades,* 73

4.1 O cristianismo é *comunidade de comunidades*, 73

4.2 A relação entre Igreja local e Igreja universal é de *comunidade de comunidades*, 75

4.3 *Comunidade de comunidades* no sacerdócio comum de todos os batizados, 79

4.4 *Comunidade de comunidades* entre movimentos eclesiais, associações religiosas e novas comunidades, 81

4.5 Presbítero, homem de comunhão eclesial, 83

4.6 *Comunidade de comunidades* no corpo presbiteral,

5 Paróquia, comunidade de *sujeitos eclesiais*, 91

5.1 A partir do Concílio Vaticano II, uma Igreja que reconhece os sujeitos sociais e culturais, 91

5.2 Vaticano II: uma Igreja que reconhece os sujeitos eclesiais, 94

5.3 *Sujeitos eclesiais* na Igreja e na sociedade, sem dicotomia, 96

5.4 Conselhos de Pastoral e assembleias paroquiais: *sujeitos de planejamento e decisões*, 100

5.5 Sinodalidade como expressão de fé e de missionariedade, 106

5.6 Liturgia é comunidade de sujeitos celebrantes, 109

5.7 O econômico como sujeito eclesial responsável e solidário, 115

5.8 Formação: sujeito de amadurecimento eclesial – A formação dos sujeitos eclesiais, 119

5.9 A organização do laicato, 123

6 Os rostos dos diversos *sujeitos eclesiais*, 126

6.1 Um mosaico de muitas peças, 126

6.2 O protagonismo da mulher na vida paroquial, 129

6.3 Pobres: "uma Igreja pobre para os pobres" (EG, 198), 132

6.4 Comunidade e iniciando: sujeitos primordiais da iniciação à vida cristã, 135

Conclusão, 141

Referências, 145

Introdução

Anualmente a Igreja no Brasil nos brinda com uma temática eclesiológica no intuito de iluminar a reflexão pastoral na prática evangelizadora no país. São tentativas de respostas e propostas aos desafios pastorais que a atualidade apresenta. A riqueza dessas reflexões, frutos de assembleias dos bispos, nos é apresentada em forma de documentos eclesiais (documentos da CNBB). Três desses documentos são objetos de reflexão do presente livro. Trata-se dos Doc. 100, 105 e 107, respectivamente intitulados "Comunidade de comunidades: uma nova paróquia – A conversão pastoral da paróquia", "Cristãos leigos e leigas na Igreja e na sociedade: sal da terra e luz do mundo" e "Iniciação à vida cristã: itinerário para formar discípulos missionários".

Sem a pretensão de fazer uma análise de tais documentos, queremos dialogar com os temas neles tratados, captar a relação entre eles, evidenciar o que há em comum entre essas três realidades eclesiológico-pastorais. Se uma imagem serve de inspiração para melhor captar a inter-relação entre "comunidade de comunidades", "sujeito eclesial" e "iniciação à vida cristã", essa é o triângulo. Neste, os segmentos de reta se encontram nas extremidades, sustentam-se mutuamente. Analogamente, as três realidades pastorais aqui estudadas dependem uma das outras, enriquecem-se mutuamente, triangulam-se, formando uma unidade eclesiológica orgânica.

"Comunidade de comunidades", "sujeito eclesial" e "iniciação à vida cristã" não somente estão inter-relacionados, como também trazem em si o "DNA" da relação. O que melhor caracteriza cada uma dessas realidades eclesiais é a relação.

O livro está estruturado em seis capítulos. No primeiro deles traçaremos um olhar sobre o ser sujeito na era contemporânea, na assim chamada virada antropológica, na qual se dá a emergência da subjetividade. No mesmo capítulo serão apresentadas algumas das características da atual cultura que estão em sintonia com os temas centrais deste livro. Serão priorizadas as características do pluralismo, da conectividade e da mobilidade. Esse olhar sociológico é de grande importância para posteriormente melhor entrarmos eclesiologicamente nos temas do "sujeito eclesial", da "comunidade de comunidades" e da "iniciação à vida cristã".

No segundo capítulo percorreremos o caminho de Jesus no resgate do ser humano, em sua dignidade social e religiosa. Jesus, em suas andanças na Galileia, defendeu os não sujeitos, os sem dignidade; propôs nova forma de comunidade, fundada em novos relacionamentos. A partir da contemplação em Jesus, o olhar se estende para as comunidades das primeiras horas do cristianismo, as quais não estavam estruturadas pela tendência dualista clero-leigo.

O terceiro capítulo mostrará em que sentido a relacionalidade é o fio condutor dos três temas em questão. A identidade de cada tema será o conteúdo principal desse capítulo. O que é uma estrutura eclesial denominada "comunidade de comunidades" senão a potencialização de suas relações internas e externas? A nova paróquia é um nó de relações, e quanto mais intensas forem essas relações, tanto mais a paróquia será configurada "comunidade de comunidades". O mesmo se pode dizer dos "sujeitos eclesiais". São nas relações que nasce, cresce e se consolida o ser "sujeito eclesial". O mesmo ainda acontece com a "iniciação à vida cristã", de inspiração catecumenal. Ela se dá a partir do encontro (relação) pessoal com Jesus Cristo e de novas relações com a comunidade de fé.

No quarto capítulo entraremos nas diferentes e complementares expressões nas quais se concretizam o ser "comunidade de comunidades". Diferentemente do que possa aparecer à primeira vista, "comunidade de comunidades" envolve, na rede das relações eclesiais, um conjunto muito amplo de pessoas, organismos e estruturas. Não são, portanto, apenas as relações das comunidades entre si, e delas com a matriz paroquial, que configuram uma estrutura paroquial "comunidade de comunidades".

No quinto capítulo a reflexão se concentrará no "sujeito eclesial". Também aqui muitas são as expressões do ser "sujeito eclesial", a começar, naturalmente, por todo batizado, com ênfase no leigo, por ser ele refém de uma cultura clerical. Todos os fiéis, pela graça batismal, são "sujeitos eclesiais" na Igreja e na sociedade. Como extensão de uma Igreja toda sujeito eclesial, outras realidades eclesiais são igualmente sujeitos, como é o caso, por exemplo, do programa de formação e dos conselhos e assembleias paroquiais. No processo de conversão pastoral e estrutural, "sujeito eclesial" não se restringe às pessoas. As instâncias eclesiais, as estruturas e os organismos, à medida que forem fatores de conscientização, promotores de novo jeito de ser Igreja, devem receber o reconhecimento de "sujeitos eclesiais".

O sexto e último capítulo buscará nomear os rostos dos vários sujeitos que aparecem nos três documentos. Uma palavra de destaque será dada a dois personagens: as mulheres e os pobres. O tema da "iniciação à vida cristã" não receberá um capítulo exclusivo; o que não significa, de modo algum, que ele seja menos relevante na construção da triangulação que procederemos ao longo do livro com os três temas pastorais. O tema da iniciação perpassará os outros dois temas, dando-lhes consistência, iluminando-os, deixando ser iluminado por eles.

1
A emergência do sujeito moderno e a interdependência entre o local e o global

1.1 Ser sujeito na cultura contemporânea

Para além das discussões terminológicas acerca da era contemporânea somos unânimes quanto à existência de nova sensibilidade cultural. Novos olhares, vozes, enfoques, interpretações, atores, muitos deles até então à margem do processo sociocultural, aparecem no cenário hodierno, colocando em crise o paradigma cultural dominante marcado pelo racionalismo instrumentalizador de pessoas e valores. Os pilares sobre os quais o paradigma moderno se alicerçou começam a trincar, a divinização da razão científica instrumental se vê impotente para responder às ânsias e perguntas emergentes da nova etapa cultural em percurso. O audacioso projeto da Modernidade, pautada no racionalismo, não se deu conta de que a pretensão absoluta do saber e a confiança ilimitada na razão não seriam capazes de responder aos anseios mais profundos do humano. Se por um lado a *mudança de época* fortalece práticas como o individualismo e a indiferença, simultaneamente se verifica a solidificação de outras dimensões existenciais, como o afeto, a emoção, a paixão, a intuição, a imaginação, a subjetividade, a corporeidade, a sensibilidade ecológica, possibilitando nova percepção da realidade. Essas e outras categorias existenciais, até então pouco tematizadas, recebem, portanto, na (pós) Modernidade, centralidade maior. Encontra-se nesse quadro, como que síntese de todas elas, a categoria *sujeito,* entendida como ator social e construtor da própria trajetória socioexistencial.

Ser sujeito na atual conjuntura cultural emana fundamentalmente como necessidade, diferentemente de outras épocas, quando o indivíduo mais se conformava à instituição e à tradição do que protagonizava diante delas. Entende-se, dessa forma, uma das razões da crise das instituições; seja ela religiosa, política ou de outra ordem. Rejeita-se, na atualidade, mais um modelo de instituição do que propriamente o fator institucional, necessário para a preservação de valores e para a organização social.

Essas características da atual realidade brevemente descritas nos autorizam a afirmar que nasce e se desenvolve novo sujeito social e religioso; ou melhor, novos sujeitos-atores, reivindicando seu protagonismo e lugar num cenário que também é novo, marcado sobretudo pela autonomia e pelo pluralismo. Esses *novos sujeitos* são pessoas, grupos, pressupostos que representam nova consciência e novos valores, como, por exemplo, a questão ecológica, a valorização da cultura local, a questão de gênero e de raça, os movimentos sociais e culturais, os direitos humanos, o reconhecimento das diferenças culturais, o pluralismo de fato; enfim, toda libertação da submissão e da passividade.

Para aprofundar a atual emergência do sujeito vale a pena visitar o pensamento de Alain Touraine, sociólogo conhecido no Brasil, o qual tem trabalhado de modo sério o tema em questão, sobretudo em suas obras *Crítica da Modernidade* e *Um novo paradigma: para compreender o mundo de hoje.*

Sujeito, para Touraine "é a vontade de um indivíduo de agir e de ser reconhecido como ator"[1], embora devamos reconhecer a tensão resultante desse processo ainda não resolvido, onde, de um lado, tenta-se se impor a lógica do descartável e, de outro, o sujeito pós-moderno que reluta em não ser descartado. Touraine lembra que é urgente avançar na sadia síntese entre razão e afetividade, objetividade e subjetividade, racionalização e subjetivação, equacionando a eficácia da razão com a autorrealização do sujeito[2]. Sujeito é aquele que chama a responsabilidade para reivindicações econômicas, culturais, para si e para a sociedade.

Outra significativa contribuição do autor é mostrar de que modo se relacionam instituição, religião e sujeito. Com o advento da Modernidade, a religião não é mais protagonista da organização social, e sim o próprio sujeito. Nessa perspectiva, secularização não é ausência da religião, mas o fim do controle institucional da dimensão religiosa. Portanto, o autor não exclui a religião na configuração do ser sujeito, mas, ao contrário, afirma categoricamente que "o sujeito [...] não é uma figura secularizada da alma"[3]. Se o fator cultural é essencial na construção do sujeito, a religião também o é. "É preciso recusar abertamente a ideia da ruptura entre as trevas da religião e as luzes da Modernidade, pois o sujeito da Modernidade não é outro senão o descendente secularizado do sujeito da religião"[4].

Na assim chamada *virada antropológica* há espaço maior para a subjetividade, inclusive dentro da religião. E podemos

---

1. TOURAINE, A. *Crítica da Modernidade*. Petrópolis: Vozes, 1994, p. 220.

2. Ibid., p. 245.

3. TOURAINE, A. *Um novo paradigma*: para compreender o mundo de hoje.
3. ed. Petrópolis: Vozes, 2007, p. 127.

4. TOURAINE, A. *Crítica da Modernidade*. Op. cit., p. 253.

continuar: maior espaço para a autonomia, para o protagonismo, para a liberdade de consciência, as quais não são benefícios concedidos, mas dimensões socioexistenciais próprias do ser humano, embora precisam ser sempre de novo conquistadas. A isso Touraine chama "sujeito autocriador". "O indivíduo, enquanto moderno, escapa, portanto, aos determinismos sociais, na medida em que é um sujeito autocriador"[5]. O sujeito autocriador ou sujeito social se constrói na luta pela libertação dos sistemas que o aprisionam. "O sujeito não é apenas aquele que diz 'eu', mas aquele que tem consciência de seu direito de dizer 'eu'"[6]. O sujeito social é aquele que reivindica seus direitos sociais, civis, humanos e também religiosos. "O sujeito se forma na vontade de escapar às forças, às regras, aos poderes que nos impedem de sermos nós mesmos, que procuram nos reduzir ao estado de componente de seu sistema e de seu controle sobre a atividade, as intenções e as interações de todos"[7]. Não se trata de um indivíduo prepotente, que está acima da sociedade, mas é alguém consciente de si e de seus direitos.

Contra acusações que afirmam ter Touraine uma visão individualista do sujeito, é importante que se diga que o sujeito pessoal, que pode ser coletivo ou individual, somente terá conteúdo quando se permite descobrir o universalismo do sujeito. "A elevação do indivíduo em direção a ele mesmo, enquanto sujeito, só pode ser feita pelo reconhecimento do outro como sujeito; é ao reconhecer o outro como sujeito que posso reconhecer eu mesmo como sujeito. Reconhecer o outro como sujeito é reconhecer a capacidade universal de todos se fazerem sujeitos"[8]. A ênfase no sujeito não o isola

---

5. TOURAINE, A. *Um novo paradigma...* Op. cit., p. 103.

6. Ibid., p. 113.

7. Ibid., p. 119.

8. TOURAINE, A. *Pensar outramente*: o discurso interpretativo dominante. Petrópolis: Vozes, 2009, p. 196.

das relações sociais. O sujeito pessoal possui fortes vínculos sociais. É reconhecendo-se como sujeito de direitos que se é possível reconhecer o sujeito que está no outro.

Nas relações cotidianas, nas experiências vividas pelos grupos é que se constrói como sujeito: "Atualmente é mais urgente e difícil buscar a presença do sujeito nas relações mais próximas... Não cederei à tentação de somente buscar o sujeito no cume das montanhas ou no cimo dos monumentos"[9].

A reflexão sobre o sujeito na era contemporânea, sobretudo no pensamento de Touraine, lança luzes para os temas de nosso estudo, pois "o cristão que não tem a consciência de ser sujeito corre o risco de alienação, de acomodação e de indiferença" (Doc. 105, n. 71)[10]. Na mesma perspectiva, repensar a renovação da paróquia desassociada da afirmação da pessoa como *sujeito eclesial e social* parece no mínimo inconsequente, sem alicerce que a possa sustentar, qual a casa construída sobre a areia. Fato é que por várias razões, "mais que no passado, temos hoje as condições eclesiais, as condições sociais, políticas e culturais e as bases eclesiológicas para que o cristão leigo exerça sua missão como autêntico sujeito eclesial, apto a atuar na Igreja e na sociedade e a promover uma relação construtiva entre ambas" (Doc. 105, n. 122).

1.2 *Comunidade de comunidades*, o pluralismo sociocultural e a conectividade

O objetivo deste item não é desenvolver uma análise das profundas e complexas mudanças culturais em andamento na atual sociedade. Muito já se escreveu sobre o assunto e muito já

---

9. Ibid., p. 168.
10. CNBB. *Cristãos leigos e leigas na Igreja e na sociedade* – Sal da terra e luz do mundo. São Paulo: Paulinas, 2016 [Documentos da CNBB, 105].

se debateu sobre a terminologia mais adequada para classificar a cultura atual. Um olhar sobre algumas características culturais do momento se torna relevante para melhor refletir, nos capítulos seguintes, o espírito que impulsiona as realidades eclesiais pretendidas neste livro, a saber: *comunidade de comunidades, sujeitos eclesiais* e *iniciação à vida cristã*. Nesta aproximação entre o sociocultural e o eclesial interessa-nos visitar as características do pluralismo, da mobilidade e da interdependência.

A cultura hodierna se caracteriza sobretudo pelas marcas do pluralismo, da mobilidade e da conectividade. Tais dimensões, decorrentes de vários fatores, dentre os quais se destacam os movimentos migratórios, a inter-relação de povos e culturas, a rapidez da comunicação, o alto avanço da tecnologia, revolução científica e tecnológica, revolução digital, facilidade de locomoção, afirmam-se como características mais marcantes da atual realidade sociocultural. "A pluralidade é cada vez mais vivenciada em todas as esferas das relações humanas e presentes nos valores, nas convicções e nas práticas" (Doc. 105, n. 77f). Diariamente nos confrontamos com novas linguagens, pensamentos, novos saberes e sabores, o que permite uma consciência mais planetária, uma percepção mais global e holística da existência. Vivemos em meio a uma explosão de diferenças. O pluralismo traz para o conjunto social ganhos inquestionáveis à medida que alarga o leque de visões, possibilitando o aprendizado na convivência com o diferente[11].

Globalização, urbanização, mundialização, pluralidade, conectividade são termos de certa forma equivalentes à medida que expressam o alcance universal das mudanças socioculturais, religiosas, econômicas e políticas em curso. Diferentemente do que se possa imaginar, a globalização diz respeito

---

11. Contudo, urge atenção diante do perigo de o pluralismo se converter em relativismo. Quando deixa de existir um modelo único, um padrão de referência, a tendência é adentrar pelos caminhos da tolerância relativista.

não somente à esfera econômica, mas atinge aspectos globalizantes da cultura socioexistencial. Por ser a globalização um conjunto de relações socioculturais no qual vários aspectos estão envolvidos, Boaventura de Souza Santos tem preferido o uso no plural. Globalizações, segundo o autor, exprime com mais precisão o que se passa nos bastidores de um fenômeno sem precedente na história[12].

Com as globalizações, as fronteiras não são respeitadas, as culturas invadidas. Na nova configuração do tempo, do espaço e da mobilidade, segundo Bauman, "cancela-se a diferença entre longe e aqui. O espaço não impõe mais limites à ação e seus efeitos. Ele conta pouco, ou nem conta. Perdeu seu valor estratégico"[13]. Corrobora-se, portanto, o rompimento das fronteiras territoriais. Invadem-se e encurtam-se os espaços em tempo inimaginável. A circularidade, seja ela de informações, ideias ou mesmo de pessoas, é algo inédito na história. A autonomia do sujeito, em todos os níveis, é estimulada, sobretudo no tocante ao território. O mundo urbano extrapola todo e qualquer limite geográfico, modificando a relação entre os grupos naturais, como o bairro, a família, a religião. Não obstante tamanha mundialização, concomitantemente criam-se espaços locais e culturais; "tribos", na linguagem de Maffesoli[14], nas quais as identidades e etnias são reafirmadas. A globalização não significa que o alcance universal das transformações destrua ou substitua o local. No esforço de apontar para a fusão entre o global e o local tem-se utilizado a expressão globalização[15].

---

12. SANTOS, B.S. *A gramática do tempo*. São Paulo: Cortez, 2006, p. 438.
13. BAUMAN, Z. *Modernidade líquida*. Rio de Janeiro: Zahar, 2001, p. 136.
14. Cf. MAFFESOLI, M. *O tempo das tribos* – O declínio do individualismo nas sociedades de massa. 4. ed. Rio de Janeiro: Forense Universitária, 2006.
15. Cf. FRIEDMAN, T. *O mundo é plano* – Uma breve história do século XXI. Rio de Janeiro: Objetiva, 2007, p. 420-426.

Pulsa o sentimento de interdependência entre o local e o global, entre o micro e o macro. Nossos hábitos de vida são influenciados por eventos ocorridos em outros lugares, bem como costumes locais acabam tendo influência global. Em outras palavras, o atraente do processo globalizador está na articulação entre o local e o global. Determinada condição ou entidade local tem a força de influenciar o global, ao mesmo tempo em que consegue fortalecer o local. Diversas "cidades" coexistem dentro de uma mesma cidade.

O estático deixou de ser o ritmo a partir do qual a vida pessoal e coletiva se organiza. Tanto no território geográfico como no sociocultural a mobilidade é o eixo articulador da existência, sem falar das relações virtuais, que encurtam as distâncias físicas, geográficas e culturais. Vivemos na "sociedade das telas" e "das redes". Assistimos a uma genuína "revolução digital", na expressão de Dreifuss, através da qual a cultura tecnocientífica invade o planeta e estende seu domínio a todos os cantos do mundo[16].

No que tange ao mundo da comunicação, Lipovetsky afirma a passagem de um modelo unilateral para um modelo horizontal. O ser humano deixa de ser mero receptor da mensagem para se tornar um construtor da comunicação. Beneficiando-se de uma infinidade de recursos, redes sociais, face, blogs, YouTube, msn, entre tantos outros surgidos diariamente, ele constrói a própria comunicação, por meio da qual troca experiências, expõe seus sentimentos, interage, reage com quem e quando quiser. "Abre-se uma nova página da comunicação, que se vê fragmentarem as audiências e erodir a 'onipotência' das grandes mídias de massa: passou-se da tevê

---

16. Cf. DREIFUSS, R. *A época das perplexidades* – Mundialização, globalização e planetarização: novos desafios. Petrópolis: Vozes, 2001, p. 18.

soberana ao internauta-rei"[17]. A televisão é destronada do papel que representa a comunicação unilateral, através de seu poder das imagens direta e transmissão dos conteúdos recebidos, e em seu lugar está o próprio indivíduo, como produtor, protagonista e consumidor da mensagem. Percebe-se a relação desse novo paradigma de comunicação com o tema do sujeito contemporâneo há pouco abordado.

Esses breves comentários sobre o cultural, nos aspectos do pluralismo, da mobilidade e da conectividade, assim como os comentários do sujeito contemporâneo no item anterior, serão de grande valia nos objetivos centrais a que se propõe a reflexão deste livro. De certa forma, essas marcas do cultural têm seu equivalente na identidade eclesiológica da configuração paroquial *comunidade de comunidades*. Em outros termos, o que caracteriza tal configuração eclesial, ou o que faz a paróquia ser *comunidade de comunidades* é o pluralismo comunional, isto é, a riqueza da diversidade na comum-unidade. Glocalização, aplicado ao eclesiológico, é a necessária valorização e promoção das comunidades, dos *sujeitos eclesiais*, dos dons e carismas e de todas as demais realidades eclesiais, as quais, a partir da sadia relação de pertença e comunhão na diversidade, formam uma única comunidade de fé; por isso, *comunidade de comunidades*. Assim como na atual sociedade da informação e do digital os links promovem a interconexão, também no eclesiológico da nova paróquia *comunidade de comunidades* a interdependência é o fio condutor.

---

17. LIPOVETSKY, G. & SERROY, J. *A cultura-mundo*: resposta a uma sociedade desorientada. São Paulo: Companhia das Letras, 2011, p. 78.

2
Jesus, a Igreja primitiva e a dignidade dos sujeitos sociais e eclesiais

2.1 Jesus resgata a dignidade das pessoas

No contato com os textos sagrados chama atenção a determinação de Jesus em resgatar a dignidade religiosa e social dos seus contemporâneos, em um sistema sócio-econômico-religioso, no qual a grande maioria da população não era reconhecida em sua dignidade humana. Trabalhar sem cessar, fazendo a vontade do Pai, para que todos tenham vida foi a motivação fundamental que impulsionou o profeta de Nazaré a estar do início ao fim de sua vida pública ao lado dos excluídos de seu tempo; para torná-los cidadãos, sujeitos sociais e religiosos. Tirar-lhes do "não", do "sem" de "fora" e incluir todos na mesa do Reino foi sua paixão. Sentia-se impelido pelo Espírito para estar ao lado dos últimos, e o fazia *em* nome do seu Paizinho, *Abbá*. Alimenta a multidão faminta, ensina-os a partilhar, para que reine a fraternidade. Senta-se à mesa com excluídos, tira-os do autodesprezo. A refeição para Jesus é sacramento de inclusão para arrancar os excluídos. Jesus, portanto, rompe com o jogo social da época, com as relações senhor-escravo. "Jesus anunciava a Boa-nova do Reino para todos. Não excluía ninguém. Oferecia um lugar aos que não tinham vez na convivência humana" (Doc. 100, n. 69)[18].

Reino de Deus, para Jesus, é um projeto de promoção de sujeitos, de resgate das dignidades. Sua opção preferencial pelos pobres, a atenção às mulheres e às crianças, aos doentes e pecadores, as curas, as refeições, os milagres são sinais inequívocos de que, para Ele, o mais importante é a promoção da dignidade das pessoas. O Reino de Deus é preferencialmente dos pobres; são eles os bem-aventurados. Com Jesus eles são resgatados do desprezo, voltam a sorrir e a sonhar.

Diante de uma cultura que desconsiderava as crianças, Ele as coloca no centro. Aos pecadores, afastados e indignos de Deus, Ele os faz experimentar a graça da misericórdia. Os doentes, impuros para os padrões da época, Ele os cura, os toca, sem deixar-se contaminar pela mentalidade excludente da religião oficial. À religiosidade da prosperidade, Ele apresenta um Deus gratuito que faz chover sobre bons e maus. No projeto fundamental de Jesus está a libertação de todos os condicionamentos que tornam o ser humano escravo; ou seja, não sujeito, não pessoa. É Ele "quem oferece a todos a possibilidade de se fazerem sujeitos, de maneira especial os que não são considerados em sua dignidade pessoal, como os pobres e os marginalizados. Com Jesus, sua autonomia é recuperada em novas relações de amor e afeto que libertam" (Doc. 105, n. 125).

A Parábola da Ovelha Perdida (Mt 18,12-14; Lc 15,1-7) recorda que Deus se interessa por toda pessoa; ninguém lhe é indiferente. Na Parábola do Fariseu e do Publicano (Lc 18,10-14), é o publicano que volta para casa justificado. Na Parábola dos Trabalhadores da Última Hora (Mt 20,1-15) fica evidente que Jesus não quer uma sociedade pautada em privilégios.

---

18. CNBB. *Comunidade de comunidades: uma nova paróquia* – A conversão pastoral da paróquia. São Paulo: Paulinas, 2014 [Documentos da CNBB, 100].

A relação entre sujeito eclesial/social e *comunidade de comunidades* é evidente no ministério de Jesus. Em sua proposta ao grupo dos discípulos tal relação se torna ainda mais patente. Jesus formou uma comunidade, a dos Doze, como sinal, e os envia ao mundo para formar *comunidade de comunidades*, isto é, a comunidade do Reino, dando-lhes poder para curar, expulsar demônios; enfim, para eliminar tudo aquilo que impedia a plena cidadania das pessoas e o desenvolvimento de uma nova sociedade, comunidade de irmãos. Envia-os dois a dois, como que dizendo que é em comunidade que se constrói novo céu e nova terra.

Jesus os inicia num novo modelo de convivência social e religiosa. "A comunidade de apóstolos e discípulos foi aprendendo com Jesus um novo jeito de viver" (Doc. 100, n. 74). Inicia-os na vida em comunidade de iguais, sem privilégios, e os corrige constantemente contra essa tentação. Inicia-os na lógica do Reino. Sua linguagem, a das parábolas, é mistagógica, pois permite mergulhar no mistério misericordioso de Deus.

Jesus os inicia em novas formas de relacionamento, inaugura relações horizontais, pautadas na igualdade que serve, no lava-pés que edifica, na partilha que constrói. "Sabeis que entre as nações quem tem poder manda, e os grandes dominam sobre elas. Assim, porém, não há de ser entre vós; ao contrário, se alguém de vós quiser ser grande, seja o vosso servidor, e quem dentre vós quiser ser o primeiro, seja escravo de todos" (Mc 10,42-44). O chamado dos Doze atesta que "Jesus formou discípulos e discípulas, instruindo-os com sua original atitude de acolhida, de compreensão e de valorização das pessoas, principalmente das marginalizadas" (Doc. 107, n. 40)[19].

---

19. CNBB. *Iniciação à vida cristã* – Itinerário para formar discípulos missionários. Brasília: CNBB, 2017 [Documentos da CNBB, 107].

2.2 O protagonismo eclesial de toda a comunidade na Igreja primitiva

Historiadores são unânimes em afirmar a inexistência das categorias *clero* e *leigo* nas primeiras horas do cristianismo. O comentário de Faivre ilustra a questão. "Não existe nas comunidades do primeiro século função sacerdotal independente que fosse exercida por uma casta ou por um ministro particular. O Novo Testamento não conhece laicato, mas um povo, um povo santo, um povo eleito, um povo posto à parte, um *klerós* que exerce todo ele um sacerdócio régio, que chama cada um de seus membros a prestar a Deus um culto verdadeiro em espírito. É inútil procurar nos escritos neotestamentários uma teologia do laicato; não encontraremos nem leigo nem sacerdote no sentido pessoal no qual entendemos hoje. A herança permanece ainda indivisa entre todos os herdeiros, o povo vive coletivamente sua vocação de crente, o quinhão que Deus lhe prometeu desde Abraão não constituiu objeto de partilha"[20].

Laós significava, naquele contexto, o povo eleito, no qual todos tinham o *klerós*, ou seja, a sorte; sorte de ser escolhido para pertencer a esse povo, o que não significa que não havia diferentes funções. Pelo contrário, a valorização da diversidade de dons, carismas e ministérios na comunidade era a garantia de que todos eram iguais; era o sinal mais eloquente de que ministerial era toda a comunidade dos seguidores de Jesus. Todos os membros da comunidade eram considerados geração eleita, sacerdócio real, nação santa; ou, na linguagem atual, *sujeitos eclesiais*. Todos formavam o corpo de Cristo, na plena valorização de cada pessoa, dom e carisma. Em outros termos, o corpo de Cristo, a comunidade viva estava edificada

---

20. FAIVRE, A. *Os leigos nas origens da Igreja.* Petrópolis: Vozes, 1992, p. 21.

no Espírito que suscita os mais diversos carismas, dons, serviços, sempre para a edificação da comunidade.

Não estavam em primeiro plano os títulos eclesiais, mas a ação realizada em função da sustentação e o serviço à comunidade. Inquestionavelmente pode-se perceber nas comunidades cristãs nascentes outra lógica, diferente daquela que prevalece no modelo eclesial, com ênfase na hierarquia: colocar os dons a serviço da comunidade era, no início do cristianismo, uma necessidade, não uma concessão; um direito e dever, não uma permissão.

Nessa igualdade fundamental de cada membro e na valorização de seus dons e carismas, significativas eram as comunidades paulinas, pautadas na estrutura familiar, mas ao mesmo tempo rompendo com o patriarcalismo hierárquico da Antiguidade. Em Paulo, o "batismo no Espírito" rompe com as discriminações históricas[21]. A estrutura das comunidades paulinas era carismática, sem necessidade de enfatizar a institucionalização. A cabeça é Cristo e as diferenças na comunidade são necessárias para a edificação do corpo (cf. Ef 4,12). O quadro apresentado por Schillebeeckx sobre a variedade e riqueza de carismas nas comunidades de Paulo é impressionante. A lista é vasta: apóstolos, profetas, doutores, operadores de milagres, curandeiros, benfeitores, guias, glossolalia, interpretação e línguas (cf. 1Cor 12,28-30); sabedoria, gnose, fé, dons da cura, milagres, profecia, discernimento dos espíritos, glossolalia, interpretação (cf. 1Cor 12,8-10); profecia, diaconia, doutores, admoestadores, benfeitores, misericórdia (cf. Rm 12,6-8); apóstolos, profetas, evangelistas, pastores, doutores (cf. Ef 4,11)[22]. Interessante é o fato de todas essas

---

21. Cf. SCHILLEBEECKX, E. *Por uma Igreja mais humana* – Identidade cristã dos ministérios. São Paulo: Paulinas, 1989, p. 54.

22. Cf. ibid., p. 83.

diferentes funções nas comunidades terem em comum o fato de todos serem chamados de carismas, dons; na verdade dons de Deus, de Cristo ou do Espírito[23].

É somente no final do século I, por volta do ano 96, que surge pela primeira vez, na carta de Clemente de Roma aos coríntios, o termo leigo, e apenas mais tarde, com Inácio de Antioquia, é que aparece a eclesiologia de duas classes, duas categorias, clero e leigo. "O amanhecer do terceiro século marca uma virada histórica do povo fiel. Improvisadamente vemos reutilizado o termo "leigo", que tínhamos apenas entrevisto no primeiro século na carta de Clemente Romano. Contemporaneamente, forma-se e difunde-se o conceito de clero [...]. Se existem na história das instituições cristãs momentos excepcionais, a passagem entre o segundo e o terceiro séculos certamente faz parte deles. Enquanto que para todo o século II as informações sobre as comunidades cristãs e sobre a sua organização são raras, enigmáticas, difíceis de colocar no tempo e no espaço, o início do século apresenta Igrejas cristãs já bem-estruturadas e bem-integradas ao Império Romano[24].

Com a virada constantiniana, no século IV, ao cessar o conflito Igreja-mundo, cresce ainda mais a diferenciação entre clero e leigo. Ou seja, quando se dá o casamento entre Igreja-Estado, em que a autoridade civil se une com a autoridade eclesial, aumenta a diferenciação na Igreja, com excessivo poder da hierarquia eclesial. O termo leigo cada vez mais passa a ser utilizado para designar o não clero, e Igreja passa a ser sinônimo de hierarquia; compreensão essa que só tende a aumentar nos séculos posteriores, cujos dualismos são sentidos até os dias de hoje (cf. Doc. 105, n. 133-135). O clero e os monges são homens espirituais, ligados ao religioso, ao sagra-

---

23. Cf. ibid., p. 84.

24. FAIVRE, A. I laici nelle origini dela Chiesa, apud ALMEIDA, J. *Leigos em quê?* – Uma abordagem histórica. São Paulo: Paulinas, 2006, p. 41.

do, enquanto que os leigos são homens carnais, relacionados ao temporal[25].

Do século XII encontramos o seguinte comentário de Graciano: "Os clérigos são aqueles que têm poder e voz ativa na Igreja. Eles cuidam do Sagrado. Já os leigos não participam da hierarquia; por isso, devem ocupar-se do profano. Aos leigos (o povo) não há outro direito senão o de deixar-se conduzir e guiar pela hierarquia. Dos clérigos recebem os bens espirituais e, sobretudo, o socorro à salvação"[26].

No Concílio Vaticano I (Pio X, em sua Encíclica *Vehementer Nos*) afirmou-se que "a Igreja, por força de sua própria natureza, é uma sociedade desigual. Compreende duas categorias de pessoas: os pastores e o rebanho, os que estão colocados nos vários graus da hierarquia, e a multidão dos fiéis. E essas categorias são tão distintas entre si, que somente na hierarquia residem o direito e a autoridade necessários para promover e dirigir todos os membros de acordo com os fins da sociedade. Quanto à multidão, não tem outro direito senão o de deixar-se conduzir e guiar docilmente por seus pastores"[27].

Aquela igualdade fundamental de todos os batizados dos primórdios da fé cristã logo cedeu espaço a um crescente processo de clericalização, o que resultou em séculos de submissão da grande maioria dos membros da comunidade. Foram séculos de anonimato dos leigos, vistos como meros receptores da Palavra e dos sacramentos. Consequentemente, assistiu-se à perda da dimensão comunitária da fé, cujas relações passaram a ser pautadas pelos binômios autoridade-obediência, fala-escuta, ordem-execução, docente-discente.

---

25. Ibid., p. 56.

26. Cf. VELASCO, R. *A Igreja de Jesus* – Processo histórico de consciência eclesial. Petrópolis: Vozes, 1996, p. 173-174.

27. PIO X. *Vehementer Nos*. Petrópolis: Vozes, 1957, n. 22 [Coleção de Documentos Pontifícios, 88], apud VELASCO, R. *A Igreja de Jesus...* Op. cit., p. 172.

Seria injustiça histórica não lembrar de inúmeros protagonistas eclesiais que ao longo da história remaram contra a correnteza eclesial de uma Igreja fechada sobre si mesma. Recordar o negativo da história não significa ofuscar o positivo, e sim aprender com os erros e se encorajar com os acertos.

Enfim, mais do que fazer uma análise histórica da eclesiologia do cristianismo, nossa intenção é, através desses rápidos cortes históricos, chamar a atenção para a relação que existe entre clericalismo e perda da centralidade da comunidade cristã, perda do *sujeito eclesial* e perda da qualidade da *iniciação à vida cristã*. Nas palavras de Rufino Velasco, "com os leigos reduzidos à passividade e à receptividade, desaparece o verdadeiro sentido da comunidade cristã, e os clérigos, em lugar de 'serventes' da comunidade, tornam-se a comunidade, os que constituem propriamente a Igreja. Deste modo, a 'hierarquia' adquire sentido, a consistência em si mesma como realidade autônoma e autossuficiente na Igreja, e como sujeito dos privilégios civis que vêm do império cristão"[28]. Com o clericalismo veio inevitavelmente o sacramentalismo, o que significa o fim do longo processo de *iniciação à vida cristã*. À medida que se dá início ao processo de clericalização, com o surgimento das duas classes, cujas relações passam a ser marcadas pela subserviência, a comunidade de fé deixa de ser o centro, que passa gradualmente a ser o clero. Nesse contexto, a *iniciação à vida cristã* já não estava dentre as prioridades evangelizadoras. O catecumenato entra em processo de decadência concomitante à socialização da religião cristã; ou seja, quando o cristianismo passou a ser mais sociedade cristã do que comunidade alternativa, a iniciação à vida cristã perdeu sua razão de ser.

28. VELASCO, R. *A Igreja de Jesus...* Op. cit., p. 132-133.

2.3 A atualidade do axioma "cristãos não nascem, se tornam"

A renovação da paróquia não se dará, naturalmente, por decreto, ou por outras iniciativas semelhantes. Ela vai exigir o envolvimento comprometedor de todos os atores eclesiais. Ela vai exigir a consolidação do paradigma comunidades-ministérios/serviços. Aqui se pode ver novamente a lógica dialética que reina entre os três temas centrais deste livro. Do mesmo modo que todos são convocados, pela graça batismal, a se consolidar como *sujeitos*, a ser iniciados na fé, são igualmente convocados, como que decorrente disso, a se envolverem na conversão das estruturas eclesiais. Nessa perspectiva, sujeito é dom e compromisso; é convocação e resposta.

A atualidade do axioma de Tertuliano, do século II, "cristãos não nascem, se tornam", é consenso na atual realidade, seja na percepção pastoral, seja nas análises sociológicas. Trata-se de um processo iniciado há séculos, com o alvorecer da Modernidade e de suas consequentes transformações, que afetaram profundamente as dimensões da vida religiosa, social, econômica, política, cultural. Mas é a partir das últimas décadas que o fenômeno "cristãos não nascem" tem aumentado consideravelmente. A religião professada hoje é cada vez menos aquela na qual se nasceu. Crença atualmente é matéria de escolha. Os indivíduos constroem, numa trajetória individual e subjetiva, o próprio edifício religioso.

Essa primeira parte do axioma, "cristãos não nascem", é uma constatação sem maiores dificuldades. Adentrar na segunda parte, "cristãos se tornam" é, pastoralmente, um desafio enorme, um compromisso exigente. Torna-se desafiador porque, por muito tempo, no paradigma da *pastoral da manutenção*, esteve-se na zona de conforto, prescindindo de grandes esforços missionários para fazer alguém se tornar cristão, uma vez que esse era gerado naturalmente no ventre da Cristandade.

Passada a era do cristianismo sociológico, "tornar alguém cristão", com tudo o que isso significa – e aqui nos remetemos prioritariamente à evangelização dos adultos –, é um caminho por demais exigente, que requer vários parceiros, sobretudo por não se tratar simplesmente de tornar cristãos adeptos ao cristianismo, mas cristãos sujeitos-protagonistas eclesiais e sociais, discípulos missionários na Igreja e na sociedade. Dentre os parceiros que não se pode abrir mão está a nova paróquia *comunidade de comunidades*, sobretudo pela densidade relacional a que ela se propõe.

Sujeito eclesial, adultos na fé, não é um título a ser dado, mas uma realidade a ser construída conjuntamente. No processo de *tornar-se sujeito eclesial* entram em cena muitas questões: a atualidade da inspiração catecumenal, o abandono da catequese escolástica, a formação dos discípulos missionários, a estrutura formativa, a conversão das estruturas eclesiais, renovados canais de sinodalidade, a superação de todas as formas de clericalismo, o comprometimento da pastoralidade na *iniciação à vida cristã*, dentre tantas outras conversões eclesiológicas. Se a inspiração catecumenal é, hoje, a mais eloquente expressão da missionariedade pastoral para no processo do *tornar-se cristão*, não se pode cair no erro de olvidar outras mediações eclesiais através das quais ecoa a voz do mistério[29].

---

29. As palavras catequese e catecumenato possuem a mesma origem, do grego *katecheinm,* cujo significado é ressoar um som.

Grande perigo é conceber a redescoberta da inspiração catecumenal como uma peça isolada do processo da construção da cidadania eclesial. *Iniciação, sujeito eclesial* e *comunidade de comunidades* formam uma unidade inseparável.

Ao fazermos menção ao axioma de Tertuliano queremos chamar a atenção que o "tornar-se" deve ser entendido, a partir da conversão pastoral, não apenas como uma ação, mas como um pressuposto, um paradigma evangelizador, um prolongamento (ecoar), diferentemente do paradigma da "sociedade perfeita", estática, incapaz de reforma alguma, por pensar estar já no estado de perfeição. A percepção de que "cristãos já não nascem", ou de que cada vez menos se nascem, é uma excelente oportunidade para a renovação das comunidades eclesiais e dos pressupostos pastorais, muitos dos quais situados na lógica dos "cristãos ainda nascem". O mesmo se pode dizer da configuração estrutural da paróquia. Nascida no século IV, período em que cristãos começam a nascer através do cultural, a paróquia parece continuar, após 17 séculos, estruturada sob esse pressuposto. A paróquia, para se tornar *comunidade de comunidades*, no sentido mais original da expressão, tem pela frente um longo caminho a ser percorrido.

"A pastoral sempre traz consigo pressupostos de sua época... O interesse em conhecer tais pressupostos consiste em desenvolver um olhar crítico para melhor perceber 'se' e 'como' tais pressupostos permanecem presentes na pastoral hodierna"[30]. O pressuposto do "cristãos nascem", não desconsiderando em momento algum a relevância da transmissão da fé de geração em geração, situa-se na lógica da hereditariedade, que por sua vez está engendrada num quadro

---

30. REINERT, J.F. *Inspiração catecumenal e conversão pastoral.* São Paulo: Paulinas, 2018.

de outros pressupostos claramente definidos. A catequese, no paradigma do "cristãos nascem", está estruturada sobre o alicerce da doutrinação, do ensino, do saber sobre. Portadores de uma fé herdada da família e da sociedade cristãs, as crianças, por já *nascerem cristãs*, deveriam frequentar a catequese, a "doutrina", para receber instruções religiosas e se preparar para "fazer" a Primeira Comunhão. Percebe-se que a ênfase está no "fazer", e não no "tornar-se". À medida que se percebe que cristãos não nascem mais, descobre-se a pertinência da *iniciação à vida cristã* de inspiração catecumenal, que é um percurso de fé.

Outros pressupostos do modelo pastoral de "cristãos nascem" são a obrigação, o preceito, a moral, o estático, a uniformidade, a massa, a ênfase no institucional. Não se trata, naturalmente, de descartar todas essas dimensões constitutivas da opção cristã. O que se torna problemático é a diluição do querigma, isto é, da centralidade do cristianismo, dentro de um conjunto de verdades que só são aquilo que são; ou seja, verdades, à luz da verdade maior, que é Jesus Cristo.

Outro pressuposto da pastoral do "cristãos nascem" é a preocupação com o número, com a quantidade, ao passo que na nova evangelização, na lógica do "tornar-se", a preocupação primeira volta-se à autenticidade com aquilo que se está tornando, o ser cristão, sujeito eclesial. Daí se entende hoje a centralidade do testemunho cristão na evangelização.

O paradigma do "tornar-se cristão" enfatiza a *alegria do Evangelho*, o melhor presente que se pode dar a alguém. Essa "alegria do Evangelho enche o coração e a vida inteira daqueles que se encontram com Jesus" (EG, 1). Ora, se ainda não se é cristão, ao menos do ponto de vista existencial, de uma vida cristã conscientemente assumida, então é preciso propor essa forma de vida, não sendo permitido à pastoral nem pressupô-la nem impô-la, mas propô-la permanentemente.

Quando ser cristão e ser cidadão se coincidem, uma das consequências decorrente dessa fusão é a fraca consciência do *munus* profético, régio e sacerdotal, oriunda da vocação batismal de todo cristão. A vida cristã não está situada no nível da naturalidade, isto é, na ordem do convencional, da pertença sociológica. Ela é resposta consciente ao chamado a ser sal da terra e luz do mundo, sujeitos na Igreja e na sociedade.

A paz constantina marcou a história da fé cristã pela passagem de um cristianismo por adesão a um cristianismo por socialização, de um cristianismo do *tornar-se* para o cristianismo do *nascer*. Passados dois milênios, a máxima de Tertuliano se apresenta, portanto, atual. O importante é ficar atento a algumas respostas pastorais equivocadas a essa realidade, por entender que é preciso que cristãos voltem a nascer, e normalmente através da ênfase no proselitismo, no normativo, no institucional, no legalismo, no doutrinal. São propostas equivocadas por não perceberem que, por meio dessas posturas, estão tornando pessoas submissas à instituição, e não iniciados na fé, sujeitos-protagonistas eclesiais.

"Tornar-se" é um pressuposto pastoral, um paradigma evangelizador, o único capaz de desconstruir o argumento do "sempre foi assim". Ele permite uma sempre renovada compreensão da Tradição, da *ecclesia semper reformanda*. Toda dificuldade em fazer acontecer o Concílio Vaticano II na sua plenitude é a não aceitação "da lógica do *tornar-se*", consequência de uma concepção fixista de Igreja, sem consciência histórica. Nada é mais contraditório à fidelidade da Tradição do que uma compreensão fixista da mesma.

2.4 A urgência da consolidação do binômio *comunidade-carismas e ministérios*

A Igreja nascente estava estruturada, sociológica e teologicamente, a partir daquilo que Congar, seguido por Bruno Forte, irá mais tarde classificar de binômio *comunidade-carismas e ministérios*. Ainda nos primeiros séculos do cristianismo essa estrutura eclesiológica cedeu lugar, progressivamente, a outra, distanciando-se, assim, do espírito que animava as comunidades primitivas. Trata-se do binômio, também elaborado por Congar, *clero-leigo*.

O Concílio Vaticano II se coloca no caminho da volta às fontes da vida cristã. Nessa perspectiva novamente fazemos menção ao esquema da Constituição Dogmática *Lumen Gentium*, na qual o capítulo sobre o povo de Deus antecede ao dos leigos e ao da hierarquia, evidenciando, dessa forma, que antes de quaisquer vocações, ministérios, serviços, consagrações, todos são povo de Deus, sujeitos e protagonistas eclesiais. Não obstante tamanha inovação eclesiológica do último concílio, consolidar o paradigma *comunidades-carismas/ministérios* é missão ainda não concluída, que requer um longo caminho de conversão eclesiológica, estrutural e, sobretudo, mental.

A primeira observação a ser feita em relação aos dois paradigmas em questão é que não está em discussão o uso ou não uso dessas terminologias, embora a linguagem nunca seja neutra. Não se trata de abolir os termos *clero* e *leigo*, o que seria combater as consequências, e não as causas das desigualdades eclesiais. O problema é, antes, de pressuposto, e não de vocabulário; de mentalidade, e não de linguagem. Os dois paradigmas apontam para duas eclesiologias distintas, com perspectivas opostas, com olhares diferentes, em muitos aspectos inconciliáveis entre si. Os enfoques são distintos; o lugar a partir de onde se vê a Igreja, o padre, o religioso, o leigo, e onde esses se veem, também são distintos em cada um desses paradigmas.

35

O Concílio Vaticano II foi feliz ao pensar os fiéis não a partir da oposição ou daquilo que distingue, mas a partir do que é comum à totalidade do povo de Deus; ou seja, o batismo, o sacerdócio comum, situação bastante diferente daquela desenhada a partir do século III, na qual as duas classes, clero e leigo, até então inexistentes, foram entendidas a partir da negação e subordinação; ou seja, o leigo é o não clero. Enquanto que o binômio *clero-leigo*, síntese da eclesiologia de toda a Cristandade, parte do que distingue, o binômio *comunidade-carismas e ministérios* tem como ponto de partida o que é comum a todos; portanto, a igual dignidade de cada fiel, de onde emerge a valorização das diferenças.

Nas palavras de Bruno Forte, "no binômio 'comunidade-carisma e ministérios' a *comunidade batismal* surge como realidade globalizante, no interior da qual os ministérios se situam como serviços em vista daquilo que toda a Igreja deve ser e fazer. Desse modo, torna-se mais clara a relação entre ministérios, ordenados ou não. Não há uma relação de superioridade de uns sobre os outros, mas de complementaridade na diversidade de serviço recíproco, na irredutível diferença"[31].

Importante é perceber as consequências eclesiológicas e pastorais desses dois paradigmas que acompanham a organização eclesial: o ser e o fazer da Igreja ao longo de sua história. Refletir esses dois modelos de ser Igreja é premente para a consolidação de uma estrutura eclesial denominada *comunidade de comunidades*, comunidade de *sujeitos eclesiais*. Apontar os obstáculos de um e as potencialidades de outro modelo eclesiológico é fundamental para uma Igreja edificada por sujeitos/protagonistas eclesiais. São duas eclesiologias, dois modos de ser Igreja, presentes nas opções pastorais, nos relacionamentos eclesiais, no exercício da autoridade, no admi-

---

31. FORTE, B. *Igreja, ícone da Trindade*: breve eclesiologia. São Paulo: Loyola, 1987, p. 35.

nistrar, no coordenar, na compreensão de obediência eclesial, no modo de viver a vocação cristã, no modo de iniciar na fé. Enfim, estão presentes no pensar e no agir da evangelização um ou outro desses paradigmas.

O paradigma *clero-leigo* concebe as relações eclesiais a partir da distinção, e não da igualdade, conforme anteriormente já mencionado, e nessa distinção sobressai o sujeito--clero. Em última instância, é ele que age *in persona Christi*, é visto como *alter Christus*, tem o poder sacramental. Ordenado pela imposição das mãos para o serviço, não poucos se servem dessa prerrogativa para sustentar o poder, e o que é pior, o poder arbitrário, fortalecendo um perfil de Igreja imperial. Trata-se, portanto, de um paradigma, de um jeito de conceber a Igreja, que reforça a passividade do leigo, que não raro se entende como mero receptor da ação sacramental do clero. Esse modo de compreender o leigo e o padre, e de se autocompreenderem, teve influência direta na qualidade evangélica das comunidades cristãs desde tempos remotos, gerando relações de desiguais. Nessa estrutura mental, os leigos são incapazes de ensinar, de gerir, de discernir, de conduzir os assuntos eclesiais.

O paradigma pré-conciliar é dualista, pois à medida que distingue por demais *clero-leigo*, dificultando uma visão comunitária orgânica, dá margem ao dualismo sagrado-profano, céu-terra, temporal-espiritual, e tantos outros. Clero são os ministros sagrados, vida religiosa é o estado de perfeição evangélica. E os leigos, qual é sua real identidade teologal? Não seriam cristãos de segunda categoria, nessa supervalorização da vida monacal, religiosa e sacerdotal? É problemático construir a identidade ministerial dos leigos a partir da identidade presbiteral.

Conceber o laicato a partir da eclesiologia *clero-leigo* significa entrar pelos caminhos da delegação, e não da corresponsabilidade; da permissão, e não da complementaridade; da suplência, e não de parceiros; da deliberação, e não da colegialidade. Enquanto a eclesiologia *clero-leigo* gera comunidade de desiguais, comunidade *hierarcológica*, isto é, valorização incisiva na hierarquia (Congar), o paradigma comunidade-carismas e ministérios é o espaço teologal que cria as condições para o protagonismo de todos, para o surgimento de novos carismas, novos ministérios, novas espiritualidades, novos atores e sujeitos. Subjaz, portanto, no paradigma das origens da fé cristã outra compreensão de ministros e ministérios. Do ministério ordenado emerge uma visão mais colegiada, chamado a ser "ministério de síntese, e não síntese dos ministérios". O centro não é a hierarquia ou ministros, mas a comunidade toda ministerial. Comunidade é o sujeito eclesial coletivo; é comunidade de dons, carismas, ministérios e serviços.

Quando se consegue pensar o sacerdócio ministerial a partir da pluriministerialidade não haverá maiores dificuldades para o laicato sentir-se igualmente protagonista na Igreja e na sociedade. Por outro lado, enquanto se pensar os ministérios laicais a partir do clero, não se superará a submissão eclesial ainda reinante. Como exemplo dessa problemática citemos os assim chamados ministérios de suplência (extraordinários); não há dúvida de que eles são estruturados a partir da estrutura paradigmática *clero-leigo*. Trata-se de uma relação eclesiológica mais de substituição do que de corresponsabilidade. Na cabeça de muitos fiéis, seja clero ou leigo, os diversos serviços da Igreja situam-se no horizonte da ajuda ao padre, que humanamente é incapaz de fazer tudo. A fundamentação da ministerialidade não pode ser a ausência ou escassez do clero, mas o Espírito Santo que suscita pessoas e dons a serviço do Reino. Toda pessoa iniciada na vida cristã recebe do Espírito Santo cidadania religiosa. Outro perigo de conceber os ministérios, dons, carismas e serviços a partir da expressão sacerdotal-sacramentalista é a clericalização desses mesmos ministérios e carismas.

Somente a consolidação do paradigma comunidade-ministérios-carismas será capaz de acolher e promover novas concretizações ministeriais, de acordo com a realidade cultural e como resposta às necessidades locais e contemporâneas. Esse paradigma remete à coragem de pensar novas formas de atuação dos batizados, sem medo de distinguir o que é cultural e o que é teológico; como, por exemplo, a questão do celibato, a presença da mulher nas decisões da Igreja, o diaconato feminino. Esses exemplos mostram que a Igreja do primeiro milênio não teve dificuldades em se organizar de acordo com as necessidades do tempo, quando ainda não estava presa ao paradigma *clero-leigo*. Quantos ministérios e novos serviços poderiam existir, próprios de cada cultura?

O clericalismo, portanto, converte-se em pecado eclesial estrutural não somente porque centraliza a ação eclesial nas mãos de uma casta, mas sobretudo porque impede as manifestações do Espírito que sopra onde e como quer. Enquanto que na eclesiologia *clero-leigo* sobressai a hierarquia, gerando no grande corpo eclesial passividade e espectadores, na eclesiologia comunidade-carismas e ministérios sobressai aquilo que de melhor cada um tem a serviço da comunidade e do Reino. A história do cristianismo testemunha o prejuízo comunitário diante da clericalização, na qual a Igreja entrou, sobretudo a partir do segundo milênio. Com a clericalização veio a perda da centralidade da comunidade. Importa perceber que esse binômio não está introjetado apenas na mente de um considerável grupo de padres e bispos. Faz-se presente na vida religiosa, na hierarquia, nas novas comunidades, nos vocacionados, nos leigos. São muitas e altamente resistentes as expressões do neoclericalismo.

Enfim, repensar o paradigma *clero-leigo* não significa mudar a nomeclatura, mas superar alguns obstáculos para a construção de novos canais de relacionamentos eclesiais, centrados na pluriministerialidade e na colegialidade, sem as quais não haverá Igreja de adultos, iniciados na fé. Tornar-se adulto na fé não é somente questão de inspiração catecumenal, mas de conversão de todas as dimensões do estrutural e do pastoral.

A partir desse processo de ressignificação das relações, dos enfoques e dos pressupostos eclesiológicos os termos *leigo* e *clero* terão outras entonações e renovada identidade. O leigo não será o não padre, mas homens e mulheres de fé, iniciados na vida cristã, cientes de sua missão e de seu protagonismo na Igreja e na sociedade. O clero, não exclusivamente o homem do culto, do altar e dos sacramentos.

3
Comunidades de comunidades, sujeito eclesial e iniciação à vida cristã: em busca da identidade

3.1 A que se propõe a configuração paroquial *comunidade de comunidades, a consolidação de todos os fiéis como sujeitos eclesiais* e a *iniciação à vida cristã de inspiração catecumenal?*

Recentes documentos do magistério do episcopado brasileiro refletiram os temas da conversão paroquial, chamada a ser comunidade de comunidades, e do laicato, convocado pelo dom do batismo, a ser *sujeito eclesial na Igreja e na sociedade*. Trata-se dos Doc. 100 e 105, da coleção da CNBB, intitulados, respectivamente, *"Comunidade de comunidades: uma nova paróquia* – A conversão pastoral da paróquia", e "Cristãos leigos e leigas na Igreja e na sociedade – Sal da terra e luz do mundo". O primeiro é de 2014, fruto da 52ª Assembleia Geral dos Bispos do Brasil, e o segundo é de 2016, resultado da 54ª Assembleia da mesma conferência. Mais recentemente, outro documento nos foi oferecido (n. 107, do ano de 2017), com a temática "Iniciação à vida cristã", cujo título é "Iniciação à vida cristã: itinerário para formar discípulos missionários".

A princípio pode se ter a impressão de estarmos diante de três temas paralelos, com pouca ou nenhuma relação entre si. Contudo, esse modo de pensar pouco diz sobre a lógica dialogante que impulsiona essas realidades pastorais, embora tenhamos de admitir que urge uma certa sensibilidade pastoral para captar a relação dialética entre eles. Evidenciar o que pretende cada uma dessas realidades e, sobretudo, refletir a relação dialética entre elas, é o que nos propomos a fazer nesta obra. É urgente refletir a eclesiologia do laicato e dos demais *sujeitos eclesiais* a partir da configuração eclesial *comunidade de comunidades*, e essa a partir do estatuto de *sujeitos eclesiais*, tendo como pano de fundo a iniciação em Jesus Cristo e na comunidade de fé. Ou seja, interessam-nos as perguntas: Qual a relação entre ser *sujeito eclesial* e ser iniciado na fé? Em que uma paróquia genuinamente configurada como *comunidade de comunidades* tem a contribuir para com a emergência e a consolidação dos *sujeitos eclesiais*? Ou inversamente: De que modo ser *sujeito eclesial* é imprescindível para a construção da nova paróquia *comunidade de comunidades*? Qual a relação entre ser iniciado em Jesus Cristo e *ser sujeito* na Igreja e no mundo? Por que uma paróquia *comunidade de comunidades* mais eficientemente é capaz de ser casa da *iniciação à vida cristã*? Essas e outras são questões, portanto, que acompanharão nossa reflexão sobre os três temas dos documentos acima citados.

Como ponto de partida da reflexão, afirmamos: o que está em questão nessas realidades eclesiais, o fio condutor dos três temas aqui estudados, *comunidade de comunidades, sujeito eclesial e iniciação à vida cristã*, é a relacionalidade. Renovar a paróquia significa repensar com audácia as relações entre os vários sujeitos/protagonistas que a compõem. A relacionalidade é, sem dúvida, o *lugar teológico* e eclesial para a concretização de uma estrutura eclesial que pretende ser *comuni-*

dade de comunidades, comunidade de relações, comunidade de sujeitos, comunidade de carismas e serviços, comunidade de iniciandos e iniciados. O Documento da Conferência de Aparecida afirma categoricamente que as paróquias "são células vivas da Igreja e o lugar privilegiado no qual a maioria dos fiéis tem uma experiência concreta de Cristo e a comunhão eclesial" (DAp, 170)[32]. São "casa e escola de comunhão" (DAp, 170). Nessa perspectiva, renovação paroquial é, antes de tudo, repensar com profundidade as relações eclesiais. Na intuição do Doc. 100, "quando se propõe renovar a paróquia como comunidade de comunidades, mais do que imaginar ou criar novas estruturas, trata-se de recuperar as relações interpessoais e de comunhão" (Doc. 100, n. 260).

Fora das relações não existe comunidade. *Comunidade de comunidades* pressupõe a eclesiologia de comunhão no seu nível mais profundo, isso porque comunidade não é soma de indivíduos, mas sim, à luz da Trindade Santa, relações de pessoas, conscientes da igualdade fundamental entre todos, oriunda da graça batismal. É de capital importância perceber que *comunidade de comunidades* não é apenas uma estrutura sociológica, mas antes, teológica, porque expressa e concretiza o mistério de comunhão que é a Igreja, comunhão visível e invisível de Deus com os homens e dos homens entre si. "Teologicamente, a palavra *comunidade* significa a união íntima ou a comunhão das pessoas entre si e delas com Deus Trindade" (Doc. 100, n. 170). Vale a pena insistir neste aspecto: "a comunhão da Igreja supera a unidade sociológica ou a harmonia psicológica" (Doc. 100, n. 159). *Comunidade de comunidades* é uma categoria teológica porque encontra seu

---

32. CELAM. *Texto conclusivo da V Conferência Geral do Episcopado Latino-Americano e do Caribe*. São Paulo: Paulus, 2007.

fundamento na comunidade trinitária. Uma citação da Exortação Apostólica *Ecclesia in America* se torna oportuna para clarear a dimensão relacional da eclesiologia da nova paróquia. As paróquias são "espaços da iniciação cristã, da educação e celebração da fé, abertas à diversidade de carismas, serviços e ministérios, organizadas de modo comunitário e responsável, integradoras de movimentos de apostolado já existentes, atentas à diversidade cultural de seus habitantes, abertas aos projetos pastorais e supraparoquiais e às realidades circundantes" (EAm, 41)[33]. Pela densidade relacional, esse número do documento merece ser lido com maior atenção, sobretudo a partir de alguns verbos ali colocados: "abertas à"; "organizada de modo comunitário"; "integradora de"; "atentas à". São verbos relacionais, comunionais, sinodais, comunitários, com forte densidade eclesiológica.

Se as relações fazem a comunidade, o mesmo se pode dizer da construção da cidadania religiosa de todos os fiéis, convocados pela dignidade batismal *a serem sujeitos eclesiais na Igreja e na sociedade.* Não há outro "lugar" mais propício para se tornar sujeito do que nas relações eclesiais autênticas, horizontais, sem domínio.

A existência de genuínas comunidades de fé requer autênticos *sujeitos eclesiais.* Dialeticamente, autênticas comunidades são o espaço teologal para a gestação de verdadeiros *sujeitos eclesiais,* pois adultos na fé, parafraseando Tertuliano, não se nascem, mas se tornam, e se tornam em ambientes autenticamente evangélicos, fraternos, comunionais, iniciáticos.

---

33. JOÃO PAULO II. *Ecclesia in America* – Sobre o encontro com Jesus Cristo vivo, caminho para a conversão, a comunhão e a solidariedade na América. Vaticano, 1999, n. 41.

A comunidade edifica o *sujeito*, e este constrói a comunidade. A comunidade proporciona a construção do *sujeito eclesial* à medida que oportuniza ao máximo a comunhão, a sadia autonomia, a participação, a valorização, a igualdade, a corresponsabilidade de todos os seus membros. Comunidades estruturadas a partir de alto grau de hierarquização, em que prevalecem relações funcionais e burocráticas, não são espaços capazes de protagonizar o desenvolvimento de sujeitos discípulos missionários no mundo e na Igreja. A hierarquização maximizada revela por si só o déficit comunitário, o qual produz fiéis passivos, e não protagonistas *eclesiais*.

O fortalecimento das comunidades eclesiais tem passagem obrigatória no reconhecimento das pessoas, com seus dons e carismas. *Comunidade de comunidades* quer ser a refundação das relações eclesiais, a consolidação de relações horizontais, a urgência da conversão das relações eclesiais, sobretudo a conversão daquelas dimensões fortemente acentuadas a partir do segundo milênio, com a exagerada acentuação na dimensão jurídica da Igreja e da consequente rigidez estrutural. Na paróquia *comunidade de comunidades* há de sobressair não o burocrático, mas as relações; não as funções, mas os *sujeitos eclesiais*; não a sacramentalização, mas a iniciação à vida cristã; não as normas, mas a espiritualidade; não a instituição, mas o carisma; não a estrutura, mas a comunidade.

O mesmo se pode dizer do novo modelo de *iniciação à vida cristã* de inspiração catecumenal, cujo paradigma está centrado na dimensão relacional, no encontro pessoal com Jesus Cristo e na inserção eclesial. Relação é a marca estrutural da nova paróquia, da construção dos *sujeitos eclesiais*, e não menos intensamente da *iniciação à vida cristã*. Não se é iniciado num pacote de verdades ou doutrinas, mas numa Pessoa, chamada Jesus Cristo, a partir de um profundo grau de relacionamento pessoal. Toda a metodologia catecumenal, a progressividade do itinerário catecumenal, estruturada por tempos e etapas, a riqueza dos ritos, o envolvimento de toda a comunidade cristã visam conduzir mistagogicamente ao encontro pessoal com Jesus Cristo e com a comunidade eclesial.

As relações eclesiais são iniciáticas, iniciam na vida cristã, sobretudo se por iniciação entendermos não a mera preparação aos sacramentos, de cunho meramente doutrinal, mas o processo vivencial, relacional e mistagógico de imersão no mistério de Jesus Cristo e na comunidade de crentes. No novo paradigma de iniciação de inspiração catecumenal as relações eclesiais são mistagogia; isto é, conduzem ao mistério. "A comunidade é, dessa forma, a casa da iniciação à vida cristã" (Doc. 100, n. 180).

O que parece estar claro é que as colunas que sustentam a edificação de uma renovada configuração paróquia *comunidade de comunidades*, de cristão *sujeito eclesial* e da *iniciação à vida cristã* começam a ficar melhor desenhadas. Na reflexão dos temas centrais dos documentos eclesiais em questão propomos a repensar com profundidade as relações teológicas e eclesiais entre os vários *sujeitos eclesiais*, entre as instâncias, as comunidades, os organismos, as metodologias, as pastorais e movimentos que formam a comunidade eclesial.

3.2 Alargando o horizonte de compreensão de *comunidade de comunidades, sujeito eclesial e iniciação à vida cristã*

Outra observação de suma relevância, já neste início da reflexão, é o fato de que pensar a paróquia como *comunidade de comunidades* exige a superação de uma possível compreensão reducionista que concebe essa realidade eclesial apenas

nas relações entre as comunidades/capelas que compõem determinada paróquia, embora essa seja uma de suas dimensões essenciais. *Comunidade de comunidades*, para ser captada em seu real significado, requer um alargamento dos canais de relações, ou seja, essas devem se dar também entre as diversas instâncias e, sobretudo, entre os diversos *sujeitos eclesiais*. Paróquia *comunidade de comunidades* vai além da unidade entre as comunidades/capelas. Há uma rede maior de relações, interna e externa, que concretiza a eclesiologia de comunhão subjacente ao ser *comunidade de comunidades*. A título de exemplificação, o qual será desenvolvido posteriormente, a relação entre clero e leigos é chamada a ser, com sempre maior nitidez, expressão de *comunidade de comunidades*, vigorando relações de interdependência e de complementação entre ambos, e não de medo, ou de permissão. Outro exemplo, antecipando o que será melhor desenvolvido posteriormente, é a relação do corpo presbiteral, cujos presbíteros, pela união sacramental, formam *comunidade de comunidades* entre si, testemunhando, assim, o mistério do Deus comunhão. Portanto, o leque de relações da nova paróquia envolve diferentes atores, instâncias e estruturas.

Na *iniciação à vida cristã* – iniciação em Jesus Cristo e na vida eclesial – essa rede alargada de relações eclesiais desempenha um papel central para a maturidade cristã daquele que está sendo iniciado. Iniciação é ser iniciado em novas relações com Deus, com os irmãos, consigo mesmo, com a comunidade, com a natureza, com a sociedade. O iniciando deve ser plenamente envolvido com a totalidade da comunidade, nas mais diversas formas de relacionamento eclesial, e a totalidade da comunidade, por sua vez, deve se envolver com a iniciação, com o iniciando. Nessa perspectiva, *comunidade de comunidades* se concretiza, além de todas as outras expressões que veremos ao longo das páginas deste livro, na relação entre iniciados e iniciandos, catequista e catequizando, introdutor e catecúmeno.

A mesma ampliação conceitual deve acontecer com a categoria *sujeito eclesial*. Por sujeito eclesial entendemos primordialmente a pessoa. "O sujeito da evangelização é todo o povo de Deus, a Igreja" (Doc. 105, n. 101). Continua *Evangelii Gaudium*: "Cada um dos batizados, independentemente da própria função na Igreja e do grau de instrução da sua fé, é um sujeito ativo de evangelização, e seria inapropriado pensar num esquema de evangelização realizado por agentes qualificados, enquanto o resto do povo fiel seria apenas receptor das suas ações" (EG, 120)[34].

Todo batizado é, graças à igual dignidade, *sujeito eclesial*, embora na prática a história nos tenha mostrado as desigualdades eclesiais entre a hierarquia e o laicato, entre clero e leigos, cuja consequência foi a formação de uma parcela de leigos imatura eclesialmente, bem como a formação de uma parcela do clero imatura ministerialmente, por entender estarem acima ou fora da comunidade; buscando, assim, legitimação para os comportamentos gêmeos do clericalismo e do autoritarismo.

Ciente de que todos os batizados são chamados a serem protagonistas eclesiais, o Doc. 105 destaca o leigo como *sujeito eclesial*, lembrando que na ocasião foi instituído pela CNBB o Ano do Laicato. "O cristão leigo é verdadeiro sujeito eclesial mediante sua dignidade de batizado" (Doc. 105, n. 119)[35].

A partir do primado de todo batizado como *sujeito eclesial* primordial, com destaque ao leigo, devido à história de

---

34. PAPA FRANCISCO. *Exortação Apostólica* Evangelii Gaudium: *a alegria do Evangelho* – Sobre o anúncio do Evangelho no mundo atual. São Paulo: Paulus/Loyola, 2013, n. 120.

35. No último capítulo apresentaremos os rostos dos vários *sujeitos eclesiais* leigos que os documentos mencionam.

passividade a que foi submetido, a concretização de uma paróquia *comunidade de comunidades* vai exigir uma conversão da conscientização de que *sujeitos eclesiais* são igualmente todos os organismos missionários da Igreja, sejam eles estruturas, movimentos, pastorais, assembleias, conselhos, projetos de formação, plano de pastoral etc. O n. 27 da *Evangelii Gaudium*[36] é profético ao convocar as estruturas eclesiais a uma maior flexibilização em vista da missionariedade. À medida que elas cumprem tal exigência, tornam-se estruturas-sujeitos eclesiais, estruturas mistagógicas. Portanto, do mesmo modo que *comunidade de comunidades* não se refere apenas à rede das comunidades entre si e delas com a matriz, mas envolve um tecido muito maior de relacionalidade eclesial, assim igualmente, por *sujeitos eclesiais* entendemos não somente o conjunto dos batizados, o povo de Deus, mas outras instâncias, por serem espaços, *locus* inclusivos, horizontais, formativos, iniciáticos. Em outros termos, são "lugares" que fazem emergir o protagonismo eclesial de cada fiel a se apresentarem fundamentais para a concretização do sentido pleno de *comunidade de comunidades*.

Atribuir a essas realidades o título de *sujeito eclesial* não é uma linguagem familiar mas necessária, a fim de uma maior aproximação entre todas as realidades vivas da Igreja, encurtando, dessa forma, a distância entre pessoa, estrutura e

---

36. "Sonho com uma opção missionária capaz de transformar tudo, para que os costumes, os estilos, os horários, a linguagem e toda a estrutura eclesial se tornem um canal proporcionado mais à evangelização do mundo atual do que à autopreservação. A reforma das estruturas, que a conversão pastoral exige, só se pode entender neste sentido: fazer com que todas elas se tornem mais missionárias, que a pastoral ordinária em todas as suas instâncias seja mais comunicativa e aberta, que coloque os agentes pastorais em atitude constante de 'saída' e, assim, favoreça a resposta positiva de todos aqueles a quem Jesus oferece a sua amizade. Como dizia João Paulo II aos bispos da Oceânia, 'toda a renovação na Igreja há de ter como alvo a missão, para não cair vítima duma espécie de introversão eclesial'" (EG, 27).

Evangelho. Novamente utilizando a linguagem da inspiração catecumenal, elas são instâncias mistagógicas que conduzem ao encontro pessoal com Jesus Cristo. E, se são mistagógicas, são mensagem e, consequentemente, podemos afirmar sem receio: são instâncias-*sujeitos eclesiais*.

Novamente a título de exemplo, as comunidades eclesiais anseiam ser *sujeitos eclesiais*, em contrapartida ao centralismo dado à matriz, cuja relação de dependência nem sempre permite o protagonismo das comunidades[37]; o leigo anseia ser *sujeito eclesial*, em contrapartida ao clericalismo presente em muitos padres, o que gera sentimento de ser o clero o único sujeito adulto da paróquia; os movimentos e espiritualidades querem sentir-se *sujeitos*, em contrapartida, a um modelo monolítico de paróquia, certos de que a diversidade convergida ao bem comum enriquece a todos; os vigários paroquiais sentem a necessidade de serem *sujeitos*, em contrapartida ao centralismo de muitos párocos, com visíveis dificuldades, em muitas realidades, para um trabalho paroquial em equipe; os vários ministérios necessitam ser considerados sujeitos, expressão de Igreja *em saída*, toda ministerial, em contrapartida aos ministérios intraparoquiais, tão somente voltados ao culto, ou em contrapartida à tendência ao centralismo ministerial em que o clero detém todos os ministérios. O projeto de formação é *sujeito eclesial*, em contrapartida ao improvismo na formação, incapaz de formar discípulos missionários. Os conselhos paroquiais são *sujeitos eclesiais* em contrapartida a uma paróquia centralizadora, cujas decisões passam pela cabeça de poucos.

---

37. "Será preciso também um novo planejamento da paróquia como rede, evitando a concentração de todas as atividades na matriz. Mais do que multiplicar o trabalho do pároco, trata-se de uma nova organização, com maior delegação de responsabilidades para leigos de religiosos que atuam na paróquia" (Doc. 100, n. 245).

Se as dimensões estruturais da paróquia não forem concebidas como *sujeitos*, isto é, realidade flexível, humanizadora, dialogante, dinâmica, iniciática, includente, mistagógica, *semper reformanda*, então ela não será mensagem, e a pessoa não se sentirá comunidade nem protagonista *eclesial*.

Torna-se oportuno mais uma vez chamar a atenção para a profunda relação existente entre instituição e sujeito, estrutura e pessoa. França Miranda, em seu artigo intitulado "É possível um sujeito eclesial?", tece interessante comentário a respeito da influência das instituições nos indivíduos, fornecendo-lhes visão de mundo, valores, identidade social, orientação existencial etc. "Novas gerações se apropriam dessa herança social através de um processo de interiorização, que já acontece na fase infantil (socialização primária), mas que prossegue na vida do jovem e do adulto (socialização secundária)"[38]. Isso tem implicações profundas em relação à instituição religiosa. Continua França Miranda: "se a herança recebida apresentava uma configuração eclesial onde só a hierarquia tinha voz ativa e o comando das iniciativas, naturalmente o laicato se comportava como uma massa silenciosa, obediente e passiva. Mesmo que alguns tivessem a lucidez crítica de não aceitarem o *status quo* que receberam, de manifestarem publicamente suas razões e seu descontentamento, o peso da instituição neutralizava tais protestos, pois a grande maioria continuava condicionada pela configuração respectiva que aparecia a seus olhos como objetiva e verdadeira"[39]. Conclui-se que a escassez de *sujeitos eclesiais*, isto é, de adultos na fé, deve-se em grande parte a uma cultura clericalista, a um modelo de

---

38. MIRANDA, M.F. É possível um sujeito eclesial? In: *Perspectiva Teológica*, ano 43, n. 119, jan.-abr./2011, p. 71. Belo Horizonte.

39. Ibid., p. 72.

Igreja vertical, autoritário, clerical, incapaz de formar para a maturidade cristã.

Ainda dentro do alargamento do horizonte de compreensão conceitual, *iniciação à vida cristã*, por sua vez, tem recebido também, a partir da renovação catequética, renovada compreensão e perspectiva. Não se trata de preparar a pessoa simplesmente para receber os sacramentos, mas para a vida cristã, para o encontro pessoal e existencial com Jesus Cristo. O processo iniciático não é aula, são encontros; não é curso, é percurso; não é doutrinação, é experiência. "Iniciar é um processo muito mais profundo e existencial do que ensinar" (Doc. 107, n. 122). *Iniciação à vida cristã* é escola de fé. O Diretório Nacional de Catequese afirma enfaticamente que "a catequese não prepara simplesmente para este ou aquele sacramento. O sacramento é uma consequência de uma adesão à proposta do Reino, vivida na Igreja. O processo de crescimento da fé é permanente; os sacramentos alimentam esse processo e têm consequências na vida"[40].

3.3 A importância das definições e seu contexto eclesial

A eclesiologia da estrutura paroquial *comunidade de comunidades* não é outra senão a de comunhão. O mesmo se deve dizer da inspiração catecumenal: trata-se de um modelo de iniciação, cuja estrutura está pautada na teologia e eclesiologia de comunhão. Primeiramente, porque seu objetivo último é colocar o catecúmeno em profunda comunhão com Deus e com a comunidade cristã. Além disso, o necessário

---

40. CNBB. *Diretório Nacional de Catequese*. 2. ed. São Paulo: Paulinas, 2006, n. 50 [Documentos da CNBB, 84].

envolvimento de toda a comunidade eclesial no amadurecimento da fé daqueles que estão sendo iniciados na vida cristã é fundamentalmente concretização da eclesiologia de comunhão. Os vários sujeitos e ministérios envolvidos no itinerário catecumenal, o comprometimento de toda a comunidade eclesial, o casamento catequese-liturgia são igualmente sinais contundentes da eclesiologia de comunhão que subjaz à metodologia catecumenal de *iniciação à vida cristã*.

O mesmo ainda se pode dizer do *sujeito eclesial*: "na eclesiologia de comunhão funda-se a concepção dos cristãos leigos e leigas como *sujeitos eclesiais*" (Doc. 105, n. 92). É no outro e com o outro que alguém se estrutura como *sujeito*. Nessa perspectiva, na *conversão pastoral* e estrutural, não se trata somente de repensar as estruturas ou os modelos pastorais, mas antes buscar clarear os princípios teológico-pastorais que animam permanentemente aquele modo de ser Igreja, aquela configuração eclesial, aquela metodologia pastoral. Estamos refletindo três realidades eclesiais e pastorais por demais importantes, daí a importância de conhecer a origem de cada uma dessas expressões, e mais uma vez insistimos, a importância de aprofundar a eclesiologia que a sustenta e a move.

Comunidade de comunidades remete à Conferência de Santo Domingo. Lá se diz que paróquia é uma rede de comunidades (DSD, 1.2.2)[41], mas sua condição de possibilidade, contudo, é anterior à IV Conferência Episcopal Latino-americana; situa-se no Concílio Vaticano II, não somente porque esse evento eclesial resgata a dimensão comunitária da Igreja, mas porque dialoga e reconhece outros sujeitos internos e externos, ao perceber que a Igreja não constitui uma comunidade isolada, mas existe dentro de uma comunidade maior,

---

41. CELAM. *IV Conferência Geral do Episcopado Latino-Americano* – Nova evangelização, promoção humana, cultura cristã: Jesus Cristo, ontem, hoje e sempre. São Paulo: Loyola, 1993 [Documento de Santo Domingo].

chamada sociedade, mundo. O concílio toma plena consciência de que Igreja não é hierarquia ou estrutura, mas comunidade de pessoas.

Sem a conversão eclesiológica promovida pelo último concílio, dificilmente se chegaria à definição de paróquia *comunidade de comunidades*. A Igreja, até então estruturada como "sociedade perfeita", "sociedade desigual", independente, autossuficiente, agora sabe-se aberta ao mundo; é povo de Deus, é comunidade de batizados, de discípulos missionários em permanente estado de (re)iniciação. Importa perceber a íntima relação entre *comunidade de comunidades* e descentralização eclesial, ou conversão da autorreferencialidade, a qual se expressa de diferentes formas, como, por exemplo, na identificação da comunidade com o clero, na uniformidade eclesial, no perfeccionismo comunitário.

A clareza da identidade de qualquer configuração revela sua vitalidade, sua saúde espiritual. Nessa perspectiva, vale a pena recordar outras intuições significativas a respeito da estrutura paroquial, advindas das conferências episcopais latino-americanas e caribenha. Para Medellín, paróquia é "um conjunto pastoral vivificador e unificador das comunidades de base" (Medellín, n. XV, 3)[42]. Destacam-se na definição acima, como constitutivas da paróquia, as expressões "conjunto pastoral" e "comunidades de base". Puebla, por sua vez, entende a paróquia como "centro de coordenação e animação de comunidades, grupos e movimentos" (Puebla, 617)[43]. Aparecida, além de retomar o mesmo conceito da Conferência de

---

42. CELAM. *II Conferência Geral do Episcopado Latino-Americano* – A Igreja na atual transformação da América Latina à luz do concílio: conclusões de Medellín. São Paulo: Paulinas, 1968, n. XV, 3.

43. CELAM. *III Conferência Geral do Episcopado Latino-Americano* – Evangelização no presente e no futuro da América Latina: conclusões de Puebla. São Paulo: Paulinas, 1979, p. 617.

Santo Domingo, reafirma que as paróquias são "chamadas a ser casas e escolas de comunhão" (DAp, 170). Em todas essas definições percebe-se a recusa ao centralismo estrutural em benefício de uma maior comunhão e valorização das diversas expressões comunitárias e dos *diversos sujeitos* eclesiais que formam a realidade *comunidade de comunidades*. Fato é que "a paróquia atual tem a tarefa de superar a postura burocrática, desanimada e estática para fazer resplandecer a Igreja como mistério" (Doc. 100, n. 320).

Já a expressão *sujeito eclesial* foi empregada no Documento da Conferência de Aparecida: "na elaboração de nossos planos pastorais queremos favorecer a formação de um laicato capaz de atuar como verdadeiro *sujeito eclesial* e competente interlocutor entre a Igreja e a sociedade" (DAp, 497a). O laicato, *sujeito eclesial*, foi o tema central da 54ª Assembleia Geral da Conferência Nacional dos Bispos do Brasil, que resultou o Doc. 105: "Cristãos leigos e leigas na Igreja e na Sociedade". O segundo capítulo desse documento é intitulado "Sujeito eclesial: discípulos missionários e cidadãos do mundo". A nosso ver, perdeu-se uma grande oportunidade ao não ter sido contemplado o termo *sujeito eclesial* no título do documento, o que seria mais coerente com a proposta a que pretendeu aquela assembleia.

Iniciação à vida cristã, por sua vez, tem um longo caminho de amadurecimento pastoral[44]. É conhecido de todos o estilo escolástico da catequese que vigorou até há algumas

---

44. Seria longo demais descrever a caminhada da Igreja nos últimos 50 anos no tocante à iniciação à vida cristã. Queremos chamar a atenção para alguns momentos fundamentais, no Brasil e no mundo, da gestão do novo paradigma catequético. Cf. REINERT, J.F. *Paróquia e iniciação à vida cristã* – A interdependência entre renovação paroquial e mistagogia catecumenal. São Paulo: Paulus, 2015, p. 17-20.

décadas, em vista da preparação aos sacramentos, com sérias dificuldades em formar pessoas amadurecidas na fé.

Na prática pastoral, o termo iniciação cristã é relativamente recente. A partir do século XIX a expressão começou a ser utilizada para designar os sacramentos do Batismo, Eucaristia e Confirmação, e posteriormente ela foi assumida pelo Vaticano II. O ponto de partida de uma nova consciência do processo iniciático está no chamado "movimento catequético"[45], que são as iniciativas de renovação, incremento, estímulos e diretrizes à catequese que floresceu no final do século XIX. A partir do incentivo de Roma, o movimento de renovação encontrou em vários países terreno fértil para germinar, desenvolver-se e dar frutos.

Situa-se, em meio a toda essa riqueza catequética, a redescoberta do catecumenato, referência absoluta para todas as formas de *iniciação à vida cristã*, sabiamente frisado pelo Diretório Geral de Catequese: "O modelo de toda catequese é o catecumenato batismal, que é formação específica, mediante a qual o adulto convertido à fé é levado à confissão da fé batismal, durante a vigília pascal. Essa formação catecumenal deve inspirar as outras formas de catequese, nos seus objetivos e no seu dinamismo". Sobre a identidade do catecumenato, assim se expressa o decreto *Ad Gentes*: "o catecumenato não é mera exposição de dogmas e preceitos, mas uma educação de toda a vida cristã e um tirocínio de certa duração, com o fim de unir discípulos com Cristo seu Mestre" (AG, 14)[46].

---

45. CNBB. *Catequese renovada*: orientações e conteúdo. São Paulo: Paulinas, 1983 [Documentos da CNBB, 26]. Para um estudo detalhado do movimento catequético brasileiro, cf. LIMA, L.A. *A face brasileira da catequese* – Um estudo histórico-pastoral do movimento catequético brasileiro das origens ao documento "Catequese renovada". Roma: Pontifícia Universidade Salesiana, 1995 [Tese de doutorado]. • OLIVERIA, R.M. *O movimento catequético no Brasil*. São Paulo: Salesiana, 1980.

46. CONCILÍO VATICANO II. *Decreto* Ad Gentes *sobre a atividade missionária da Igreja* (1965). Petrópolis: Vozes, 1966.

No Brasil, ganham destaque as semanas brasileiras de catequese, a partir de 1986, quando foi realizada a Primeira Semana. A Segunda Semana de Catequese, 2001, teve como foco o mundo dos adultos, com o tema "Com adultos, catequese adulta – Crescer rumo à maturidade em Cristo". Preferiu-se a expressão catequese com adultos e não catequese de adultos, chamando assim a atenção para o protagonismo do catequizando no processo da iniciação. Na Terceira Semana Brasileira de Catequese (06-11/10/2009) foi lançado o documento da 47ª Assembleia Geral da CNBB, de 2009: 'Iniciação à vida cristã'. De significado ímpar, esse documento acrescenta o substantivo *vida* à iniciação cristã, ou seja, a partir de então fala-se de iniciação à *vida* cristã, enfatizando a integração fé-vida e o elemento comunitário da iniciação à fé. Em 2018 foi realizada a Quarta Semana Brasileira de Catequese, na qual se discutiu a transmissão da fé às novas gerações.

Outro marco fundamental foi o lançamento do Diretório Nacional da Catequese (DNC), em 2006, que é uma tentativa de adaptação à realidade brasileira do Diretório Geral de Catequese.

3.4 Configurar-se de forma condizente com sua autodefinição

Tão importante quanto chegar a uma definição eclesiológica sobre uma realidade eclesial é o permanente esforço para se configurar de modo condizente com sua autocompreensão. Trata-se do princípio de não contradição, e aqui talvez resida a dificuldade maior de toda realidade histórica. Afirmar ser a paróquia *comunidade de comunidades,* afirmar ser todo batizado *sujeito eclesial,* afirmar um novo paradigma *de iniciação* implica conversões estruturais profundas, cujo primeiro passo é a clareza sobre aquilo que falávamos anteriormente; ou seja, sobre a que realmente essas realidades se propõem.

A Conferência de Aparecida, dando continuidade ao espírito renovador das outras conferências episcopais latino-americanas, chama a atenção para a "necessidade de uma renovação eclesial que implica reformas espirituais, pastorais e institucionais" (DAp, 367). O mesmo documento insiste que "nenhuma comunidade deve isentar-se de entrar decididamente, com todas as forças, nos processos constantes de renovação missionária e de abandonar as ultrapassadas estruturas que já não favoreçam a transmissão da fé" (DAp, 365).

Condição fundamental para levar adiante a renovação paroquial configurada como *comunidade de comunidades* é identificar os elementos estruturais obsoletos que dificultam o seu amadurecimento institucional, bem como aqueles condicionamentos que impedem a emergência do *sujeito eclesial* (leigos e todos os outros *sujeitos*) e que entravam a real *iniciação à vida cristã*.

Não consiste novidade afirmar que a concepção de pessoa nas instituições é por demais universalista e abstrata. Sobressaem, via de regra, os papéis, as funções, o burocrático, a manutenção do institucional, com pouco equilíbrio entre objetividade e subjetividade. Da mesma forma que o Evangelho perde sua força quando anunciado com suporte institucional engessado, assim também o fiel não se sente protagonista em uma estrutura não configurada como sujeito eclesial coletivo. As instituições são chamadas a uma maior humanização das relações, atentas ao justo equilíbrio entre sujeito e estrutura. Personalizar as relações, enfatizar a alteridade são pressupostos irrenunciáveis para a credibilidade e aceitação de qualquer instituição, sobretudo da instituição eclesial paroquial, uma vez que ela, ao se entender como *comunidade de comunidades*, traz na sua identidade as marcas da relação e da comunhão. A não permanência na comunidade, o abandono pós-sacramento, o não ser realmente iniciado – questões essas que se convertem em drama permanente para os catequistas e demais agentes de evangelização – pode ter como uma das principais causas comunidades eclesiais frias, pouco acolhedoras e por demais burocráticas.

A paróquia é uma instituição bimilenar, de rica tradição pastoral, mas igualmente marcada por forte tendência clericalista. Compreender a paróquia como *comunidade de comunidades* vem em hora certa para a descentralização, em todos os níveis, de enrijecimento institucional e pastoral, e incluir na rede de relações eclesiais a totalidade dos sujeitos-protagonistas. *Comunidade de comunidades* é essencialmente uma estrutura centrífuga, descentralizada, e sua existência exige a superação de toda expressão de autorreferencialidade. Afirmar ser o leigo *sujeito eclesial* demanda igualmente profundas conversões eclesiológicas. A urgência das urgências é a conversão do clericalismo. Antigas e consagradas práticas e mentalidades pastorais precisam ser deixadas de lado para a emergência do real protagonismo do laicato na Igreja e na sociedade. O laicato é um gigante adormecido, e adormecido em grande parte pelo clericalismo[47].

De igual modo, a real iniciação na fé de novos cristãos e a reiniciação dos já batizados têm como condição irrenunciável, além das exigências acima citadas, o conhecer e o

---

47. Cf. BRIGHENTI, A. A situação atual do laicato e sua missão na Igreja e no mundo. In: *Revista Eclesiástica Brasileira*, vol. 78, n. 310, mai.-ago./2018, p. 375-406.

abraçar a inspiração catecumenal, deixando definitivamente para trás o modelo de catequese sacramentalista. Não basta falar de inspiração catecumenal quando a mentalidade ainda está focada na catequese de instrução e doutrinação.

3.5 Por uma cultura do encontro

Se há pouco afirmamos que *comunidade de comunidades* é uma estrutura comunional, centrífuga, relacional, dentre outras atribuições, cabe agora uma pertinente ressalva. Antes de ser uma estrutura, *comunidade de comunidades* é um paradigma, ou na linguagem teológica, uma eclesiologia, uma cultura, e aqui fazemos uso da feliz expressão "cultura do encontro", cunhada pelo Papa Francisco. Torna-se oportuno visitar alguns momentos em que o papa fez uso dessa categoria, que é certamente central para entender seu ministério presbiteral, episcopal e, agora, papal. É a partir do convite à cultura do encontro que melhor se compreende sua insistência na "descentralização eclesial", na "Igreja de portas abertas", na ida às "periferias existenciais e geográficas", no fim das "alfândegas pastorais", no "pastor com cheiro das ovelhas"... Essas e outras não são meras expressões impactantes, mas desejo sincero de uma nova sociedade, mais humanizada; de uma Igreja aberta a todos, capaz de se tornar comunidade com todos, reconhecedora e promotora, sobretudo, dos ainda não reconhecidos como *sujeitos eclesiais e sociais*.

Dentro e fora da Igreja Francisco convoca incansavelmente todos à cultura do encontro, cujos discursos são anteriores ao seu ministério papal[48]. Na Vigília de Pentecostes

---

48. Para um aprofundamento do tema da *cultura do encontro* em Francisco recomendamos algumas obras: FARES, D. *Papa Francisco*: la cultura del encuentro.

de 2013, reunido com os movimentos sociais, ele explica, durante o discurso, de modo espontâneo, o porquê "ir ao encontro": "esta palavra para mim é muito importante: o encontro com os demais. Por quê? Porque a fé é um encontro com Jesus, e nós devemos fazer o mesmo que Jesus faz: encontrar os demais"[49].

Na primeira viagem internacional de seu pontificado, na Jornada Mundial da Juventude, Brasil, no voo de Roma, ele afirmou: "temos que acabar com este costume de descartar. Não. Cultura de inclusão, cultura de encontro, fazer um esforço para incluir todos na sociedade. Este é um pouco o sentido que quero dar a essa visita aos jovens e à sociedade"[50]. E já no Brasil, os gestos falaram por si, confirmando a intenção primeira da visita acima descrita: papamóvel sem vidros laterais, abaixar-se e sair do carro constantemente para cumprimentar as pessoas, pegar criança ao colo, sapatos sujos de barro por encontrar as pessoas, os sorrisos constantes são linguagens não verbais da cultura do *encontro* estampada no coração de um papa que veio do fim do mundo.

Em uma de suas homilias, na capela da Casa Santa Marta, assim ele se expressou: "um convite a trabalhar pela 'cultura do encontro' de modo simples, como fez Jesus: não só vendo mas olhando, não apenas ouvindo mas escutando,

---

Buenos Aires: Edhasa, 2014. • FERNÁNDEZ, V.M. (ed.). *Hacia una cultura del encuentro*: la propuesta de Papa Francisco. Buenos Aires: Educa, 2017. Cf. sobretudo AWI MELLO, A. El Papa Francisco y la cultura del encuentro. In: *Medellín*, vol. XLIII, n. 169, set.-dez./2017, p. 721-750.

49. PAPA FRANCISCO. *Vigília de Pentecostes com os movimentos eclesiais, as novas comunidades e associações laicais*, 18/05/2013 [Disponível em http://w2. vatican.va/content/francesco/pt/speeches/2013/may/documents/papa-francesco _20130518_veglia-pentecoste.html].

50. PAPA FRANCISCO. *Encontro com os jornalistas durante o voo papal ao Brasil*, 22/07/2013 [Disponível em http://w2.vatican.va/content/francesco/pt/speeches/2013/ july/documents/papa-francesco_20130722_gmg-intervista-volo-rio.html].

não só cruzando-se com as pessoas mas detendo-se com elas, não só dizendo 'que pena, pobrezinhos!' mas deixando-se arrebatar pela compaixão; 'e depois aproximar-se, tocar e dizer: Não chores' e dar pelo menos uma gota de vida"[51].

No Documento de Aparecida, "encontro" é um conceito-chave. A marca de Francisco no documento, que coordenou a equipe de redação, é inquestionável para que o termo tivesse centralidade e se convertesse em conceito teológico-pastoral. A palavra "encontro" aparece mais de 65 vezes no documento da V Conferência Episcopal Latino-Americana. Emblemático se tornou o convite que o documento faz ao "encontro pessoal com Jesus Cristo" (DAp, 243-245). Desse encontro com Cristo brota "a solidariedade como atitude permanente de encontro" (DAp, 394). "A 'conversão pastoral' que Aparecida promove é definida como um 'sair ao encontro do outro'"[52].

Três são os níveis, as dimensões do *encontro* no pensamento do Papa Francisco: primeiro, o encontro com Jesus Cristo; segundo, o encontro com os outros; e o terceiro, a formação para uma cultura marcada pela atitude de proximidade e encontro. "Esta cultura é um estilo de vida que abre o coração ao diverso, ao que pensa distinto, inclusive em termos religiosos; abre-o também aos pobres, aos marginalizados e a todos os que vivem nas periferias existenciais"[53].

Em *Evangelii Gaudium* Francisco continua refletindo o tema do encontro. No n. 220, por exemplo, ele afirma que tornar-se povo "é um trabalho lento e árduo que exige que-

---

51. PAPA FRANCISCO. *Meditações matutinas na santa missa celebrada na capela da Casa Santa Maria* – Por uma cultura do encontro. Terça-feira, 13/09/2016 [Disponível em http://w2.vatican.va/content/francesco/pt/cotidie/2016/documents/papa-francesco-cotidie_20160913_cultura-do-encontro.html].

52. El Papa Francisco y la cultura del encuentro. Art. cit., p. 731.

53. Ibid., p. 734.

rer integrar-se e aprender a fazê-lo até se desenvolver uma cultura do encontro numa harmonia pluriforme" (EG, 20).

Enfim, "o Papa Francisco é, no mundo atual, um testemunho vivo da cultura do encontro, com a qual quer marcar a sociedade e a Igreja do século XXI"[54]. Posto isto, reafirmamos que *comunidade de comunidades* quer ser a concretização institucional e pastoral da *cultura do encontro*. *Comunidade de comunidades* não é soma ou aglomeração de pessoas ou organismos eclesiológicos, mas relações teologais, encontros vitais entre pessoas-sujeitos, instâncias, organismos, comunidades, pastorais e movimentos. "Na cultura do encontro, todos contribuem e recebem... Fora desse diálogo construtivo, todos perdem" (Doc. 105, n. 183).

Não é exagero asseverar que por séculos o paradigma das relações eclesiais, seja interno ou externo, não foi o do encontro. Se o Vaticano II tem como características principais o encontro e o diálogo com *os sujeitos eclesiais* da Igreja e os cidadãos da sociedade, vale lembrar que até as vésperas do Concílio a Modernidade era, para a Igreja, inimiga, pecado a ser evitado. Em muitos momentos da história da Igreja parece ter prevalecido a cultura do desencontro, haja vista os anátemas, as excomunhões, os silêncios impostos, a lista dos erros da Modernidade etc. Em vários períodos da história da Igreja as relações eclesiais foram marcadas por posturas dualistas, Igreja-mundo, clero-leigo, hierarquia-povo e tantos outros dualismos. Sabiamente, o Concílio Vaticano II redescobre a eclesiologia do povo de Deus, a eclesiologia de comunhão, virando as páginas de longos capítulos de relações desiguais e dualistas. Ao reconhecer o valor das realidades seculares, novos encontros acontecem, novas pessoas e realidades são reconhecidas e tratadas como sujeitos.

---

54. Ibid., p. 743.

No processo de construção da nova paróquia é preciso ficar atento aos desencontros estruturais. A paróquia, "escola de comunhão", existe para concretizar os encontros entre os diversos *sujeitos eclesiais*. Por isso, ela é sabiamente convocada a ser *comunidade de comunidades*, o que requer a superação dos muitos obstáculos. Clericalismo, já mencionado anteriormente, talvez seja um dos maiores entraves. A *cultura do encontro* diverge radicalmente da cultura do clericalismo – fortemente denunciada pelo Papa Francisco – a qual produz relações de dependência, medo, insegurança, timidez eclesial, desconfiança de ambos os lados, de quem subordina e de quem é subordinado. No clericalismo prevalecem relações funcionais e autoritárias.

A cultura clericalista é a afirmação de um único sujeito, que pretensiosamente assim se entende. O clericalista se sente autossuficiente, necessita de funcionários, não de parceiros na evangelização; de destinatários, não de interlocutores. É importante que se diga que a postura clericalista existe não somente do lado do clero.

3.6 Iniciação à vida cristã, encontro entre dois sujeitos: Jesus Cristo e o iniciando

A cultura do encontro é, no seu nível mais profundo, uma realidade teologal, pois aponta para o encontro de Deus com a humanidade, encontro esse que em Jesus Cristo se torna definitivo e insuperável. *Iniciação à vida cristã* é o processo que conduz a esse encontro, entre duas pessoas, dois sujeitos: Jesus Cristo e o ser humano, através da mediação da comunidade eclesial. Tal encontro que gera vida nova, novo nascimento, pertença eclesial, identidade cristã, pois toca as raízes da existência. Se assim não o for, não houve encontro, não houve iniciação. Esse é o drama sentido hoje, diante de uma multidão batizada mas não iniciada; muitas vezes vítima de um modelo catequético preocupado com a assimilação dos conteúdos da fé, e não com o encontro com a Pessoa de Jesus Cristo. E ao não acontecer a iniciação, está comprometida a cidadania do *sujeito eclesial*, bem como a vida comunitária, pois alguém não iniciado na fé não se sentirá Igreja, e consequentemente reinará entre o fiel e a comunidade de relações funcionais. Daí se entende melhor a acusação de a paróquia ser prestadora de serviços religiosos.

O "encontro pessoal com Jesus Cristo", objetivo primordial da *iniciação à vida cristã*, é o pressuposto básico para ser *sujeito eclesial*. É nessa experiência mais profunda do encontro pessoal e comunitário com o Mistério que se fundamenta todo o edifício da cidadania cristã. Tal experiência é decisiva; dela dependem outras dimensões constitutivas da vida cristã, sobretudo a missionariedade. Emblemática ficou a frase de Bento XVI, para quem "ao início do ser cristão não há uma decisão ética ou uma grande ideia, mas o encontro com um acontecimento, com uma Pessoa que dá à vida um novo horizonte e, dessa forma, o rumo decisivo"[55]. O que se é comunicado na *iniciação cristã* "não é um corpo de verdades abstratas: ela é comunicação do mistério vivo de Deus" (CT, 7)[56], pois no próprio centro da catequese encontramos essencialmente uma Pessoa: a de Jesus de Nazaré (CT, 5).

Sem encontro com a Pessoa de Jesus Cristo não há iniciação, e sem iniciação não se pode ser sujeito. A iniciação à vida cristã gera sujeitos eclesiais. Algumas passagens do Doc. 107 ("Iniciação à vida cristã: itinerários para formar discípulos missionários") mostram a relação entre iniciação e nova identida-

---

55. BENTO XVI. *Carta encíclica Deus Caritas Est*. 2. ed. São Paulo: Paulinas, 2006, n. 1.

56. JOÃO PAULO II. *Exortação Apostólica Catechesi Tradendae* (1979). São Paulo: Paulinas, 1983.

de, iniciação e inserção eclesial, como resultado do encontro entre Cristo e o iniciando. "O banho batismal é a maneira de expressar o início de uma nova identidade" (Doc. 107, n. 98). Enquanto que "o Batismo é a primeira entrada para a participação no mistério do Senhor" (Doc. 107, n. 103), "a Eucaristia é uma culminância, um sinal de plena e definitiva inserção na Igreja" (Doc. 107, n. 133). "A iniciação à vida cristã significa imersão em uma nova realidade" (Doc. 107, n. 88).

No encontro entre Deus e o ser humano a iniciativa sempre é de Deus. É sempre Ele que vem ao encontro e fala, toca a liberdade. Na fé, o humano responde, e o encontro se concretiza. Trata-se de um encontro pessoal, livre. É um encontro com Alguém, não com uma ideia. Quem o acolhe, quem deixa ecoar a voz do mistério, quem entra na dinâmica do encontro, torna-se discípulo missionário, necessitado de comunicar aos demais a experiência desse encontro. "Nesse sentido, a iniciação à vida cristã expressa a força da Igreja missionária e, ao mesmo tempo, gera novos missionários para a Igreja" (Doc. 107, n. 65).

A inspiração catecumenal está a serviço desse encontro teologal. Daí se entende melhor por que uma das características principais da metodologia catecumenal é ser a progressividade do processo formativo, organizado por tempos e etapas. "Na caminhada catecumenal há tempo para descobrir, tempo para responder, tempo para a maturação e aprofundamento, tempo para saborear aquilo no qual se foi tornado. Cada momento do itinerário percorrido conduz a um novo salto; ou, se quisermos, a um maior aprofundamento no crescimento da fé"[57]. A iniciação não é automática nem tampouco predeterminada. Acontece paulatinamente, no respeito à graça de Deus e à abertura de cada pessoa.

---

57. REINERT, J.F. *Paróquia e iniciação cristã...* Op. cit., p. 63.

Outra característica da inspiração catecumenal, indispensável para que o encontro aconteça, é a centralidade da comunidade cristã. Não somente o catequista, mas toda a comunidade, é imprescindível na mediação desse encontro teologal, chamado *iniciação à vida cristã*. Quem inicia é a graça de Deus, que age na totalidade da comunidade. Despertar a consciência da comunidade de fé para sua função maternal é ainda um dos grandes desafios da conversão catequética.

No seio da comunidade cristã queremos destacar, além do catequista, outro mediador de suma importância: o introdutor. A função primordial do introdutor é despertar o desejo do encontro com Jesus Cristo. É ele uma ponte que, mediante seu testemunho e entusiasmo, conduz ao encontro pessoal e comunitário com Jesus Cristo. O introdutor apresenta Jesus e a comunidade ao iniciando. Deverá ser alguém que já tenha se encontrado com o Mestre. "Os introdutores fazem um acompanhamento personalizado, orientando os primeiros passos de quem deseja se aproximar da fé cristã" (Doc. 107, n. 160). É de fundamental importância que o introdutor considere o iniciando como verdadeiro interlocutor/sujeito do processo, primando pelo diálogo respeitoso, estando aberto às dúvidas, auxiliando-o nas dificuldades, barreiras, conflitos e lutas interiores.

3.7 A Trindade e a espiritualidade da configuração eclesial *comunidade de comunidades*, da cidadania dos cristãos *sujeitos eclesiais* e da *iniciação à vida cristã*

Ao nos propor a pergunta pela espiritualidade de uma estrutura eclesial que se define como *comunidade de comunidades*, pela espiritualidade dos *sujeitos eclesiais* dessa estrutura e pela espiritualidade da *iniciação à vida cristã* é preciso ter clareza do significado de espiritualidade. Por espiritualidade entendemos a vivência permanente do Espírito que está em nós e que habita todo espaço e tempo, Espírito de Deus que é comunhão plena de amor. Estruturas, instituições, eclesiologias são também realidades pneumatológicas, moradas do Espírito. Estruturas têm espírito, são portadoras de espiritualidade. A nova consciência quântica nos ensina que já não se pode com tamanha facilidade fazer oposição entre espírito e matéria, corpo e alma, mensagem e mensageiro.

A pergunta pela espiritualidade do modelo eclesiológico *comunidade de comunidades*, pelo ser sujeito na fé e pela iniciação à vida cristã de inspiração catecumenal é a pergunta pelos valores que a animam e a sustentam permanentemente. Espiritualidade de comunhão, de relação e de encontro, de alteridade e de interdependência está na origem do espírito que anima essas realidades eclesiais. Nessa perspectiva, as conversões pastoral e estrutural passam pela conversão espiritual, ou seja, pela assimilação das marcas do Espírito nas artérias das estruturas eclesiais e das atividades pastorais. A Comissão Teológica Internacional, ao tratar da sinodalidade, assim se expressa: "sem conversão do coração e da mente, e sem um treinamento ascético na acolhida e na escuta recíproca, de muito pouco serviriam os mecanismos exteriores de comunhão, que poderiam até transformar-se em simples máscaras sem coração nem rosto"[58]. Em outras palavras, *"sem a espiritualidade de comunhão e missão caímos nas 'máscaras de comunhão'"* (Doc. 105, n. 194).

No mistério do Deus Uno e Trino está a condição de possibilidade para pensar a relação entre *comunidade de comunidades* e o cristão *sujeito eclesial*. No Deus tri-uno mora

---

58. IGREJA CATÓLICA/Comissão Teológica Internacional. *A sinodalidade na vida e na missão da Igreja*. Brasília: CNBB, 2018 [Documentos da Igreja, 48].

a comunidade e a individualidade, o Eu e o Nós, a unicidade e a diversidade, num eterno entrelaçamento de amor e comunhão. Por serem tão intimamente unidos, Pai e Filho e Espírito são um só Deus e três Pessoas, são eternamente comunidade e Sujeitos/Pessoas. Trindade Santa é comunidade de pessoas divinas. No Deus Trindade contemplamos a Pessoa e a comunidade de Pessoas, o pessoal e o comunitário, sem individualismo nem anulação do outro.

Muitas são as implicações do Deus Trindade para a afirmação da cidadania eclesial do fiel bem como para a nova configuração paroquial. À medida que se é iniciado no Deus Trindade, tanto mais se é sujeito e tanto melhor se entende a dinâmica da vida comunitária. A Trindade nos revela que o outro é desde sempre condição para que eu seja. No Deus Trino, cada Pessoa, sem anular a própria individualidade, se encontra no Outro, e por isso elas formam uma comunidade perfeita e eterna. Nesse sentido se entende por que "a verdadeira comunhão cristã gera autonomia, liberdade e corresponsabilidade; por sua vez, essas são necessárias para a autêntica comunhão" (Doc. 105, n. 126).

Comunidade é, portanto, um conceito teológico, assim como pessoa e sujeito também o são. "Teologicamente a palavra comunidade significa a união íntima ou a comunhão das pessoas entre si e delas com Deus Trindade. Essa comunhão se realiza fundamentalmente pelo Batismo e pela Eucaristia" (Doc. 100, n. 170).

Para aprofundar a reflexão é oportuno fazer menção ao termo pericorese, utilizado na teologia trinitária para descrever a profunda comunhão das pessoas divinas, na qual cada pessoa divina está com a outra, na outra e para a outra; cada uma contém a outra (*perichireo* = conter). *Perichoreuo*, por sua vez, significa dançar ao redor. Trata-se da dança divina, o movimento de vida plena que circula entre os Três divinos. Trata-se do movimento relacional, policêntrico (não há hierarquização) que reina entre Pai e Filho e Espírito Santo. A partir da espiritualidade que daí brota para a nova comunidade paroquial a ninguém é concedido o direito de ficar fora da dança da comunhão eclesial e social. Pessoas, movimentos, pastorais, ministérios, comunidades, espiritualidade alguma tem o direito de isolar-se, de excluir-se da dança da pastoral orgânica. Se todo isolamento pastoral, eclesial e estrutural é um atentado à Trindade e impede o ser comunidade, o centralismo também o é, por não permitir a dança da catolicidade da Igreja. Não há *comunidade de comunidades* nem no isolamento nem no centralismo. Não há *sujeito eclesial* fora das relações. Nenhum *sujeito eclesial* tem o direito de dançar sozinho, de reivindicar para si o protagonismo de ser sujeito ou comunidade isolado. Permanece o desafio de envolver a comunidade na dança pericorética da *iniciação à vida cristã*. Nunca é pouco recordar que a comunidade é a primeira catequista.

Ser *sujeito eclesial* não é um título a ser dado, um benefício da hierarquia aos fiéis, mas é fundamentalmente um direito oriundo da profissão de fé e na iniciação naquele Deus que é Uno e Trino, que é pessoa e comunidade de pessoas divinas, tão intimamente interligadas, tão divinamente envolvidas na dança pericorética da eterna comunhão amorosa, que são um só Deus. Todos os batizados, para serem aquilo ao qual são chamados a ser, *sujeitos na Igreja e na sociedade*, somente o serão na inter-relação, na comunhão pericorética. Afirmam-se como *sujeitos* no outro, com o outro e para o outro, o que significa que todo dualismo eclesial, toda oposição e qualquer espécie de competição devem se converter em complementaridade e em mútua cooperação; em uma palavra, em *comunidade de comunidades*. O clero será plenamente sujeito quanto mais se aproximar do laicato, e vice-versa. O bispo será tanto mais sujeito quando mais estiver próximo dos presbíteros, e vice-versa.

As relações, a comunidade, o outro, a alteridade eclesial são espaços para que cada um seja. Só se pode ser sujeito na dança da alteridade e da catolicidade; é no outro que nos descobrimos. É essa a grande proposta do cristianismo. "É necessário assinalar que nós, cristãos leigos e leigas e, com certeza também os demais sujeitos eclesiais (leigos e leigas, consagrados, religiosos e religiosas, diáconos, presbíteros e bispos), só entendemos, acolhemos e exercemos a nossa identidade, vocação, espiritualidade e missão na relação com os demais, como membros vivos do mesmo corpo (1Cor 12,13)"[59].

Ao conceito de *pericorese* (co-habitação, estar no outro, com o outro) podemos aproximar a etimologia de paróquia, que deriva do substantivo *paroikía*, estrangeiro, migrante, e do verbo *paroikein*, viver junto, habitar nas proximidades, viver em casa alheia. O substantivo *paroikía* pode ser traduzido por morada, habitação. O adjetivo *paroikós* equivale a vizinho, próximo, que habita junto a. Não é difícil, portanto, perceber a aproximação entre os dois conceitos, pericorese e paróquia, havendo espaço, inclusive, para acrescentar outro conceito, o de iniciação. O termo iniciação tem sua origem no verbo latino *in-ire*, que significa "entrar dentro". Iniciação é deixar a Trindade fazer morada em nós, é entrar permanentemente dentro do Mistério.

Se *comunidade de comunidades* quer ser a potencialização das relações eclesiais, então outro modo de dizer a mesma coisa é viver junto, habitar nas proximidades, entrar, mergulhar; ou seja, a co-habitação permanente de sujeitos e orga-

---

59. AZEVEDO, L.A.S. O Ano do Laicato e dos cristãos leigos e leigas do Brasil. In: *Sujeitos eclesiais, sal da terra e luz do mundo*: reflexões sobre o Documento 105. São Paulo: Paulinas, 2017, p. 17 [Grupo de reflexão da Comissão Episcopal de Pastoral para o Laicato da CNBB].

nismos vivos que compõem a realidade paroquial. Paróquia é "a casa comum onde as pessoas se encontram" (Doc. 100, n. 171). Esse encontrar-se tem, portanto, uma dimensão mais profunda, à qual chamamos teologal. Aproxima-se do *in* da iniciação; entrar, mergulhar. Teologicamente, quando não se mergulha no ministério, quando não se faz morada no Altíssimo, não acontece a iniciação existencial em Jesus Cristo. É esse o drama, mais uma vez insistimos, de uma multidão de batizados não iniciados.

4

As várias expressões da concretização de *comunidade de comunidades*

4.1 O cristianismo é *comunidade de comunidades*

Dimensão que não pode ser negligenciada na construção da nova paróquia, na edificação do *sujeito eclesial* e na *iniciação à vida cristã* é o ecumenismo. O cristianismo é essencialmente *comunidade de comunidades* desde sua origem, haja vista a pluralidade de eclesiologias existentes no Novo Testamento. A existência de quatro Evangelhos confirma o pluralismo de interpretações e de experiências de encontro com o evento salvífico em Jesus Cristo. A capacidade de inculturação, a genialidade em comunicar a Boa-nova com outras categorias culturais no início do cristianismo igualmente chama a atenção.

No *aggiornamento* do Vaticano II o tema do ecumenismo esteve na pauta das discussões. O especialista no assunto, Wolff, comenta: "esse Concílio não apenas reconheceu o valor do movimento ecumênico, mas o acolheu como algo próprio da Igreja Católica, integrando-o definitivamente nas iniciativas de diálogo em busca da unidade dos cristãos"[60]. A convocação à prática ecumênica é assim expressa no decreto *Unitatis Redintegratio:* "este sagrado Concílio, portanto, exorta todos os fiéis a que, reconhecendo os sinais dos tempos, solicitamente participem do trabalho ecumênico, favoreçam o diálogo, a comunhão, a unidade" (UR 4)[61].

Nunca é demais recordar que foram séculos de postura exclusivista, sustentada pela eclesiologia da "sociedade perfeita". Foram séculos de hegemonia e autocompreensão de ser ela, a Igreja Católica, a única Igreja de Cristo. Após o Concílio, muitas entidades ecumênicas foram criadas. Ganha destaque o Conic, Conselho Nacional de Igrejas cristãs, criado em 1982.

Crescer na consciência de que o cristianismo é *comunidade de comunidades*, comunidade de grupos cristãos é condição primeira para reconhecer as outras religiões cristãs como religiões-sujeito. A busca da unidade, mandamento expresso de Jesus, é o requisito basilar para que a Igreja seja *comunidade de comunidades*. O reconhecimento do outro nasce da nova compreensão de si, e é o que acontece no Concílio. Ao rever sua identidade, a Igreja Católica reconhece a positividade das outras religiões. *Lumen Gentium*, 8 professa que a Igreja de Cristo *subsistit in*, isto é, está presente na Igreja Católica, diferentemente, portanto, da compreensão que assi-

---

60. WOLFF, E. O ecumenismo no horizonte do Concílio Vaticano II. In: *Atualidade Teológica*, vol. 15, n. 39, set.-dez./2011, p. 211. Rio de Janeiro. Continua Wolff: "O Concílio foi um ato ecumênico em si mesmo e não é possível compreendê-lo sem considerar esse fato. E o ecumenismo, a partir do Concílio, tornou-se uma forte expressão do ser e do agir de muitos cristãos católicos. Existe uma intrínseca relação entre Concílio Vaticano II e ecumenismo, o que permite afirmar que somente onde o Concílio foi assumido de modo efetivo é que o ecumenismo ganhou espaço no jeito de a Igreja Católica ser e agir. Ali houve abertura para o diálogo com as diferentes tradições eclesiais, religiosas e culturais, tanto no âmbito local quanto no âmbito universal" (ibid., p. 404).

61. CONCÍLIO VATIANO II. *Decreto Conciliar Unitatis Redintegratio*. São Paulo: Paulus, 1997, n. 4.

milava Igreja de Cristo com a Igreja romana. "A perspectiva ecumênica pode ser enriquecida quando a comunidade se reúne com outras confissões cristãs para rezar e meditar a Palavra de Deus. Estimula-se, nesse sentido, a realização da 'Semana de Oração pela Unidade dos Cristãos'" (Doc. 100, n. 299).

É salutar lembrar que "existem vários elementos que podem fortalecer a ligação da Igreja Católica com outras denominações cristãs, especialmente no serviço à vida e na defesa dos direitos humanos" (Doc. 100, n. 300). Muito embora o cristianismo seja *comunidade de comunidades*, permanece ainda o desafio de avançar nessa dimensão, seja no ecumenismo, seja no diálogo inter-religioso.

4.2 A relação entre Igreja local e Igreja universal é de *comunidade de comunidades*

Não pretendemos fazer aqui uma aprofundada abordagem teológica sobre a relação entre Igreja universal e Igreja local, senão chamar a atenção para o fato de que antes de a paróquia ser uma realidade comunional, a Igreja Una, Católica, Apostólica assim se configura desde sua origem. Com outras palavras, a condição de possibilidade de convocar a paróquia à conversão estrutural está na profundidade relacional que subjaz entre Igreja local e Igreja universal. É a realidade dialética relacional, teologal entre Igreja local e Igreja universal que dá suporte e autentica todas as expressões concretas que configuram a nova paróquia *comunidade de comunidades*.

Esse assunto remete novamente à eclesiologia de comunhão do Vaticano II, por redescobrir o valor das Igrejas locais, sempre em comunhão com a Igreja universal, cuja relação é autêntica manifestação daquilo que é *comunidade de comuni-*

dades, pois entre Igreja universal e Igreja local "há, portanto, uma mútua inclusão: não se pode conceber a Igreja local sem a Igreja universal, nem esta última é uma realidade sem as Igrejas locais"[62].

A Igreja universal, na eclesiologia do Vaticano II, é a comunhão de Igrejas locais, sem ser, portanto, identificada com Roma, embora a sede petrina seja sinal concreto dessa unidade. "A Igreja de Jesus Cristo está verdadeiramente presente em todas as legítimas comunidades locais de fiéis" (LG, 26). As Igrejas locais são plenamente sujeitos eclesiais[63]. Cada Igreja local é plenamente sujeito eclesial e, ao mesmo tempo, nenhuma delas basta a si mesma. É a partir "da" e "nas" Igrejas locais que existe a única Igreja Católica (LG, 23), assim como Igreja local só é Igreja em comunhão com as demais Igrejas locais, formando pericoreticamente a única Igreja Católica Apostólica.

Os termos utilizados pelos documentos do Concílio são tanto Igreja local como Igreja particular. Já o Novo Código de Direito Canônico optou pela utilização da expressão "Igreja particular". Renomados teólogos preferem "Igreja local", por entenderem que "particular" pode dar a entender ser a Igreja local apenas uma "parte" da Igreja universal, o que incorreria num grande equívoco. Igreja local não é apenas uma parte, uma realização parcial da Igreja universal. É uma "porção" do povo de Deus. Na porção estão presentes todas as propriedades e qualidades do todo. Portanto, Igreja local é sujeito pleno, em permanente

---

62. MIRANDA, M.F. Igreja local. In: *Atualidade Teológica*, vol. 14, n. 34, jan.--abr./2010, p. 52. Rio de Janeiro.

63. "As Igrejas locais são sujeitos comunitários que realizam de modo original o unido povo de Deus nos diferentes contextos culturais e sociais e compartilham seus dons num intercâmbio recíproco para promover 'vínculos de íntima comunhão'. A variedade das Igrejas locais – com suas disciplinas eclesiásticas, seus ritos litúrgicos, seus patrimônios teológicos, seus dons espirituais e suas normas canônicas – 'manifestam com maior evidência a catolicidade da Igreja indivisa'" (IGREJA CATÓLICA/Comissão Teológica Internacional. *A sinodalidade na vida e na missão da Igreja*. Op. cit., n. 61).

relação com outras Igrejas sujeitos, constituindo nessa rede de relações à una e católica Igreja universal. "Essa variedade de Igrejas locais, convergindo para a unidade, manifesta mais claramente a catolicidade da indivisa Igreja" (LG, 23).

A Igreja local possui a plenitude da eclesialidade, sem ser a totalidade da Igreja; é porção. Na porção estão todas as propriedades, e a totalidade está na comunhão de todas as Igrejas locais. Reside, portanto, entre Igreja local e Igreja universal o nível mais elevado do real espírito de *comunidade de comunidades*. Assim como não se pode conceber a Igreja local sem a Igreja universal, não se pode imaginar a Igreja universal anterior ou supostamente existente em si mesma, prescindindo de todas as Igrejas locais[64]. Não é possível imaginar a Igreja local sem a Igreja universal, nem tampouco conceber a Igreja universal sem a pluralidade de Igrejas locais.

A redescoberta da Igreja local é decisiva para o rompimento daquela visão universalista e uniformizante de Igreja. Outro ganho da valorização da Igreja local remete à inculturação, que por sua vez é caminho obrigatório para que a *iniciação à vida cristã* toque a existência daquele que está sendo iniciado, e assim o encontro entre ele e Jesus Cristo aconteça. O anúncio querigmático "tem de ser inserido no contexto vital do homem e dos povos que o recebem" (Doc. 107, n. 108).

Outro modo de concretizar a paróquia *comunidade de comunidades* está na inculturação estrutural. Tal expressão talvez não seja comum no vocabulário eclesialógico; porém, a ideia de fundo é clara: chamar a atenção para a importância da clareza da fisionomia e identidade de cada paróquia, para melhor realizar sua missão naquele lugar. A inculturação da fé

---

64. Cf. MIRANDA, M.F. *A Igreja numa sociedade fragmentada*: escritos eclesiológicos. São Paulo: Loyola, 2006, p. 74-75.

e a evangelização da cultura, para cumprirem os objetivos a que se propõem, necessitam ser acompanhadas da inculturação das instituições. Entramos, assim, num dos assuntos fundamentais para a maturidade institucional da paróquia.

A paróquia, que é a Igreja presente num determinado lugar, precisa ter nome, endereço, identidade, história; enfim, ser respeitada em sua missão própria no lugar em que ela está inserida. Trata-se do princípio da encarnação do institucional. A identidade da paróquia, seu jeito de ser, não pode ser resultado da cabeça de um, ou de poucos, mas resultado do diálogo, da escuta e do discernimento de todos. A etimologia da palavra paróquia pode ser iluminadora nessa questão. Um de seus significados é Igreja ao redor das casas. Paróquia quer ser, então, aquela realidade eclesial que se coloca junto às pessoas, atenta à realidade, encarnada e inculturada. Sem abrir mão daquilo que é irrenunciável, teologal, pode-se dizer que é muito mais o local que deve dizer à configuração paroquial sua real configuração. Paróquias monolíticas, por demais universalistas, não possibilitam a encarnação paroquial, que, por sua vez, não forma sujeitos eclesiais iniciados na vida cristã.

Paróquias que mudam radicalmente de rosto cada vez que se troca de pároco revelam falta de identidade própria, com rosto definido, projeto de evangelização claro, elaborado conjuntamente. Frases ouvidas aqui e acolá como "A paróquia parece prefeitura: quando muda o prefeito, muda tudo" poderiam deixar de ser uma realidade a partir da inculturação estrutural que existiu desde o início do cristianismo. Nesse sentido, 'paróquia' não existe. O que existem são paróquias[65]. Tal constatação nos permite relativizar a con-

---

65. Cf. ROUTHIER, G. A paróquia: suas imagens, seus modelos e suas representações. In: BORRAS, A. & ROUTHIER, G. *A nova paróquia*. Coimbra: Gráfica de Coimbra, 2009, p. 19.

figuração da paróquia e nos perguntar por seus elementos irrenunciáveis. Absoluta não é sua configuração estrutural, e sim seus elementos teologais, seu compromisso evangelizador, sua vocação missionária e comunitária, sua inculturação; irrenunciável na paróquia é ela ser *comunidade de comunidades,* comunidade de *sujeitos eclesiais.*

4.3 *Comunidade de comunidades* no sacerdócio comum de todos os batizados

Onde melhor se expressa o grau de maturidade eclesiológica de uma paróquia é no destaque que se dá, em sua organização, estrutura, vida e missão, ao sacerdócio comum de todos os fiéis. O leitor pode perceber que o tema já foi, de certa forma, direta ou indiretamente tocado, mas devido à sua importância merece ser revisitado.

A primeira e mais importante expressão do ser *comunidade de comunidades* está na comunhão e igualdade batismal entre todos os fiéis, de tal forma que no centro estão não os ministérios ordenados ou a hierarquia, mas a comunidade de sujeitos batizados. Recorda o Papa Francisco na carta à Pontifícia Comissão para a América Latina (CAL), falando ao clero, que a primeira e fundamental consagração tem suas raízes em nosso batismo. "Ninguém foi batizado padre nem bispo. Fomos batizados leigos, e é o sinal indelével que ninguém jamais poderá eliminar"[66]. Continua o bispo de Roma: "A Igreja não é uma elite de sacerdotes, de consagrados, de bispos", mas todos

---

66. PAPA FRANCISCO. *Carta do Papa Francisco ao Cardeal Ouellete, presidente da Pontifícia Comissão para a América Latina* [Disponível em http://w2.vatican.va/content/francesco/pt/letters/2016/documents/papafrancesco_20160319_pont-comm-america-latina.html].

formamos o santo povo fiel de Deus"[67]. Todas as outras expressões do ser *comunidade de comunidades* são decorrentes desse primeiro e mais profundo nível de comunhão, que é a plena igualdade de todos os batizados. Igreja é um nós eclesial, em virtude da igual dignidade de todos, oriunda do batismo.

Há uma diferença clara entre uma eclesiologia pensada a partir do clero (não somente pensada pelo clero) e uma eclesiologia pensada a partir do sacerdócio comum de todos os fiéis. São duas formas distintas de entender o papel do leigo na paróquia, de entender a identidade e missão do clero no conjunto paroquial, de entender a função dos conselhos paroquiais; enfim, são dois caminhos que inevitavelmente tornam a renovação paroquial *comunidade de comunidades* e o protagonismo dos leigos mais lentos ou mais promissores. Uma estrutura evangelizadora na qual o clero constitui o grupo dominante que assegura os serviços religiosos aos demais, e os leigos, que são a maioria absoluta, formam o grupo que obedece e executa que se assemelha mais à sociedade do que à comunidade. A ênfase nas palavras tem o propósito de chamar a atenção para o que é uma tendência e, por que não dizer, uma realidade em muitas estruturas paroquiais. Na origem do *ser sujeito eclesial* está o batismo, que faz todos os fiéis serem Igreja; é o batismo o elo que sustenta a rede de *comunidade de comunidades*.

Muito significativa é a ampliação que o Concílio faz do significado do termo "sacerdócio", atribuído doravante a todos os batizados (PO, 2), o que significa que o sacerdócio ministerial não é uma intensificação daquele sacerdócio comum, e sim um meio para realizar este. Enquanto que o sacerdócio comum de todos os batizados pertence à ordem dos

---

67. Ibid.

fins (a realização do batismo e da vida cristã na caridade), o ministério ordenado situa-se na ordem dos meios (um serviço). Há uma diferença essencial entre os dois sacerdócios. O sacerdócio universal é a vida cristã mesma vivida na fé, na esperança e na caridade, enquanto que o sacerdócio ministerial é um ministério a serviço daquele.

Com isso, a tríade *comunidade de comunidades, sujeito eclesial* e *iniciação à vida cristã* ganha contornos mais definidos. Pelos sacramentos da *iniciação à vida cristã* todos recebem a mesma dignidade, são potencialmente *sujeitos eclesiais*, participam do sacerdócio universal de Jesus Cristo, formando, assim, a comunidade de batizados.

Daí a importância da valorização dos símbolos do batismo e da *iniciação à vida cristã* na catequese, na pastoral e na liturgia. Sacramentos são sinais sensíveis que, através dos ritos e símbolos, atingem nossa sensibilidade, audição, paladar. A água do batismo não é apenas um rito, assim como *iniciação à vida cristã* não é apenas recepção dos sacramentos. A água do batismo sinaliza o mergulho numa nova forma de vida, novos relacionamentos, novo modo de ser. A água do batismo nos conscientiza de que a *iniciação à vida cristã* é um mergulho sacramental e existencial na Pessoa de Jesus Cristo e na comunidade eclesial.

4.4 *Comunidade de comunidades* entre movimentos eclesiais, associações religiosas e novas comunidades

O surgimento dos novos movimentos, novas comunidades eclesiais e associações de fiéis tem sido espaço privilegiado para o protagonismo dos leigos, que redescobrem a alegria da pertença eclesial e a força do testemunho do Evangelho. Fruto do Vaticano II, essas novas formas de agregações de fiéis têm conquistado a adesão de adeptos no Brasil e no mundo. São portas que se abrem para o exercício da cidadania eclesial; acolhem diversos *sujeitos eclesiais*: jovens, casais, consagrados. Eles enriquecem a Igreja e a sociedade pela diversidade de carismas, ministérios e serviços que desenvolvem. No campo da *iniciação à vida cristã* é inegável a facilidade com que fazem o primeiro anúncio do querigma, (re)despertando a fé de muitas pessoas.

É fundamental que se tenha consciência de que as mais diversas formas de associações de fiéis não consistem concessão da hierarquia aos leigos. São um direito do laicato, cuja liberdade associativa está garantida no Código de Direito Canônico[68]. Mais uma vez é pertinente lembrar que "o sacerdócio batismal concede direitos na Igreja" (Doc. 105, n. 111).

A contribuição das novas comunidades e movimentos, assim como em outros documentos, é reconhecida no Doc. 105. Em comunhão com os pastores, integrados nas comunidades, comungando com os planos de pastoral da diocese e das paróquias, abraçando a dimensão social do Evangelho, contribuem com a evangelização dentro e fora da Igreja (cf. Doc. 105, n. 32), o que não significa estarem isentos de dificuldades.

Se por um lado eles enriquecem a nova paróquia *comunidade de comunidades,* por outro, paradoxalmente, em alguns casos, podem dificultar uma maior harmonia na orquestra paroquial. Os mesmos documentos que dignificam a presença dos movimentos não se ausentam em alertar para os riscos e denunciar as possíveis distorções. "Não faltam também as experiências de comunitarismo religioso de característica fundamentalista e sectária que, por esse traço, se definem em oposição às demais" (Doc. 105, n. 81). Existem os que "formam grupos fechados em seus ideais" (Doc. 100, n. 34), grupos fundamenta-

---

68. Cf. *Código de Direito Canônico*, 215.

listas, sectários, avessos à comunhão com quem pensa diferente. Portanto, tal postura fere a *comunidade de comunidades*. "A comunhão da Igreja é prejudicada e ferida por grupos fechados tradicionalistas ou liberais que causam mal por serem sectários e criarem divisões" (Doc. 105, n. 140).

Embora muitos movimentos são organizações supradiocesanas, eles estão integrados numa diocese, formam *comunidade de comunidades* com as pastorais e com outros movimentos. Para crescer na comunhão, de ambos os lados se exige abertura: "abertura dos movimentos e associações para se integrarem nas comunidades e igualmente abertura e acolhimento das paróquias para valorizar pessoas e carismas diferenciados" (Doc. 100, n. 234). Os "movimentos e associações de fiéis não podem alimentar pretensões de totalidade. De outra parte, a paróquia não tem direito de excluir ou negar a existência de movimentos e associações que expressam a multiforme graça de Deus com seus dons e carismas entre os leigos" (Doc. 100, n. 235).

Enfim, diferentes espiritualidades, formas diversas de viver a vocação cristã são um dom à *comunidade de comunidades*, enriquece a catolicidade, desde que estejam a serviço da eclesialidade.

4.5 Presbítero, homem de comunhão eclesial

Perguntar pelo ser *sujeito eclesial* do presbítero é perguntar por sua identidade específica no conjunto de outros *sujeitos eclesiais* que compõem a extraordinária experiência de Igreja. A clareza da identidade de toda vocação é condição indispensável para realizar-se como sujeito.

A pergunta pela identidade presbiteral remete a diversas questões. Entram em cena muitos elementos teológicos, eclesiais e pastorais, tais como a espiritualidade, o testemunho, o serviço, a oração, a missão, a caridade pastoral, a santidade. Relacionado a todas essas dimensões há um elemento específico do ministério ordenado, que ganha destaque e pede sempre maior aprofundamento, por ter ficado em segundo plano, sobretudo a partir do segundo milênio. Trata-se da dimensão relacional do ministério ordenado. Presbítero é homem de comunhão eclesial; é o que afirma, com outras palavras, o documento *comunidade de comunidades*. "A missão do pároco para a renovação paroquial requer uma vivência mais comunitária do ministério" (Doc. 100, n. 201).

Com o Vaticano II uma nova fase da reflexão sobre a identidade do presbítero começou a ser desenhada. Acentuou-se, a partir de então, a dimensão colegial, comunitária, coletiva do presbítero, além da intrínseca relação com o sacerdócio comum de todos os fiéis. O presbítero é ministro da unidade, sujeito de comunhão, o que significa dizer que seu ministério tem uma contribuição ímpar na concretização da nova paróquia *comunidade de comunidades,* cuja intencionalidade radical, conforme já visto, *é a relação*. "Desde o Vaticano II, a identidade do padre tornou-se mais ativa do que estática, mais diaconal do que sacra, mais distinta do que rotineira, mais comunitária do que solitária e monástica... Hoje, a identidade sacerdotal provém não só da liderança sacramental, mas também da liderança comunitária e ministerial"[69].

É amplo o leque de *sujeitos eclesiais* com os quais o presbítero é chamado a construir comunhão: a comunhão hierárquica com todo o corpo (PO, 15)[70], a união afetiva e efetiva com o

---

69. O'MEARA. *The Ministry of the Priesthood in Relationship to the Winder Ministry in the Church*, apud COZZENS, D.B. (org.). *A espiritualidade do padre diocesano*. São Paulo: Loyola, 2008, p. 62-63.

70. CONCÍLIO VATICANO II. *Decreto Presbyterorum Ordinis*. 3. ed. Petrópolis: Vozes, 1968, n. 15.

próprio bispo (PO, 7), com os demais sacerdotes do presbitério (PO, 8), com a comunidade eclesial à qual serve (PO, 9). Os presbíteros são os defensores do bem comum (PO 9); devem harmonizar as diversas mentalidades para que ninguém se sinta estranho na comunidade dos fiéis, devem defender o bem comum acima de preferências (PO, 9).

Ambos os documentos do Concílio, *Presbiterorum Ordinis* e *Pastores Dabo Vobis* oferecem uma reflexão profunda sobre a nova identidade e missão do presbítero. Ler esses documentos a partir do enfoque da relacionalidade ajuda numa melhor compreensão dos Doc. 100, 105 e 107 da CNBB, sobretudo no tocante à relação do presbítero com os demais atores eclesiais. Na radical vocação à comunhão com Deus e com as pessoas se concretiza o protagonismo eclesial do presbítero, cujo ministério, radicado na comunhão com Deus, quer criar laços de profunda comunhão entre o ser humano e Deus, e dos seres humanos entre si. Ele será tanto mais *sujeito eclesial* quanto mais for canal de autênticas experiências de Deus e de comunidade eclesial. Nisso reside sua autêntica vocação: ser ministro de comunhão.

A conversão paroquial passa pelo resgate da dimensão comunitária do ministério ordenado. As duas concepções ou ênfases do ministério ordenado, uma do primeiro e outra do segundo milênio ilustram a reflexão. A primeira concepção é mais pneumatológico-eclesial, enquanto que a segunda é mais cristológico-individualista, sacerdotalizante. No primeiro milênio, o ministério ordenado é concebido de modo mais eclesial e pneumatológico. Eclesial, porque na Igreja antiga era aguda a consciência de ser ela apostólica, alicerçada sobre o fundamento dos apóstolos. A apostolicidade do ministério ordenado brotava da apostolicidade das comunidades. Pneumatológico devido à relação profunda entre comunidade e ministério. O ministério ordenado não era visto como uma qualificação ontológica privada, independente da comunidade. Presidia a Eucaristia a pessoa designada e aceita pela comunidade.

Essa situação muda no segundo milênio. O ordenado recebe de Cristo o "poder" de ordem e passa a ser concebido como *Alter Christi*. Taborda ilustra a questão: "o ponto de partida dessa concepção é o fato jurídico da ordenação válida, independentemente do quadro eclesial. No primeiro milênio, é ordenado quem preside a comunidade e ordena-se para presidi-la em sua vida e, portanto, também em sua celebração; no segundo, o ministro é ordenado para receber o 'poder' de ordem, abstraindo de uma comunidade concreta, embora em última análise venha a servir a uma comunidade. É a oposição entre ordenação relativa e ordenação absoluta".

Através dessa rápida diferenciação feita por Taborda, algumas questões problemáticas saltam aos olhos, a partir do fio condutor da reflexão desde o início do livro. A comparação do primeiro e do segundo milênios denuncia a problemática das ordenações isoladas, inconcebíveis no primeiro milênio. No início do cristianismo, a estreita relação entre comunidade e Eucaristia não permitia ordenações generalizadas. Inconcebível era o ministério ordenado ser uma realidade separada da comunidade.

Com a sacerdotalização, a relação entre comunidade e ministério se transformou em relação entre *potestas* e Eucaristia; ou seja, a ordenação se transformou em um sacro poder, graça sacramental, participação no sacerdócio de Cristo, desvinculado da comunidade eclesial. Dito diferente, a relação entre clero e comunidade – portanto, entre sujeito eclesial e comunidade de comunidades – parece ter ficado comprometida.

Nessa perspectiva, a partir dessa nova eclesiogênese, muitas dimensões da vida pastoral sofrem transformações profundas. O exercício do poder é uma delas! E aqui é preciso distinguir duas modalidades do exercício do poder: o poder unilateral e o poder relacional, sendo tão somente o último compatível com a nova eclesiogênese comunidade de sujeitos. "O ministério de coordenação e de liderança é um verdadeiro lava-pés, cuja função é animar, organizar e coordenar a vida da comunidade" (Doc. 105, n. 59).

É possível traçar um paralelo entre a nova identidade presbiteral e o mistagogo da inspiração catecumenal. Diferentemente do professor ou doutrinador, cada agente envolvido com o *processo catecumenal, sobretudo os catequistas, é mistagogo, aquele que caminha junto e que estabelece relações próximas, calorosas, afetivas com o iniciando.* Catequista mistagogo é aquele que é mediador de relações, que favorece o diálogo e a convivência.

4.6 *Comunidade de comunidades* no corpo presbiteral

A *cultura do encontro* a que pretende a nova paróquia *comunidade de comunidades* alcança diversos níveis e envolve uma multiplicidade de sujeitos-protagonistas, dentre os quais se encontram os membros do presbitério. De diferentes formas e muitas vezes afirmamos que *comunidade de comunidades,* expressão consagrada nos últimos anos, não pode ser reduzida à relação entre as comunidades/capelas da paróquia, em detrimento de outros canais de comunhão eclesial. Nessa perspectiva, os presbíteros formam entre si, na comunhão presbiteral, *comunidade de comunidades,* ampliando a rede de relações da nova paróquia.

Enfatizar a dimensão comunitária do presbitério não pode ser pauta para o dia seguinte. O Concílio Vaticano II busca libertar o presbítero daquela tendência ao individualismo, espécie de onipotência pessoal advinda do poder da ordem, para dar-lhe a identidade comunional, fraterna; seja no relacionamento com os paroquianos, seja na relação com os irmãos presbíteros. Significativo é o fato de no Decreto *Presbyterorum Ordinis* a palavra *presbyteri* aparecer 111 vezes, e presbítero 7 vezes[71]. Sabiamente, o Concílio Vaticano II recupera o termo presbítero, e com ele a relacionalidade da vocação presbiteral. *Presbiterorum Ordinis* consagra o termo presbítero, deixando em segundo plano a nomenclatura sacerdote. Presbítero é, sem dúvida, um termo muito mais ministerial, relacional, comunitário, haja vista que o Novo Testamento evita a expressão sacerdote para se referir aos ministérios cristãos.

A fundamentação para tal colegialidade, segundo o Concílio Vaticano II, encontra-se no próprio Sacramento da Ordem, por tratar-se de uma consagração-missão comum entre todos os presbíteros, e deles com o bispo. A noção de presbitério é recuperada, em contraposição àquela visão individualista que faz do presbítero um poder sacramental pessoal. Para a *Lumen Gentium,* "os presbíteros, solícitos cooperadores da ordem episcopal, seu auxílio e instrumento, chamados para servir o povo de Deus, formam com seu bispo um único presbitério, empenhados, porém, em diversos ofícios" (LG, 28b). Portanto, no único presbitério fundamenta-se a comunhão entre os presbíteros[72]. "O ministério ordenado tem uma radical forma comunitária e pode apenas ser assumida como obra coletiva" (PDV, 17).

---

71. ALMEIDA. Por uma Igreja ministerial: os ministérios ordenados e não ordenados no "Concílio da Igreja sobre a Igreja". In: *Revista de Teologia e Cultura/ Journal of Theology & Culture* [Disponível em http://ciberteologia.paulinas.org. br/ciberteologia/wp-content/uploads/2009/05/05jun-art-ministerial.pdf].

72. "Em virtude da comum ordenação sacra e missão, todos os presbíteros estão unidos entre si por íntima fraternidade, que espontânea e livremente se manifesta no mútuo auxílio, tanto espiritual como material, tanto pastoral como pessoal, em reuniões e comunhão de vida, trabalho e caridade" (LG, 28c).

Os presbíteros "estão ligados entre si por uma íntima fraternidade sacramental. Especialmente na diocese a cujo serviço, sob o bispo respectivo, estão consagrados, formam um só presbitério" (PO, 8). Pela íntima fraternidade sacramental os presbíteros "formam um só presbitério"; ou seja, formam entre si *comunidade de comunidades*. Nessa mesma perspectiva, a dilatação da compreensão de incardinação, que vai além do vínculo jurídico, contribui para uma visão mais alargada da comunhão presbiteral. "A 'incardinação' não se esgota num vínculo puramente jurídico [...]. É necessário que o sacerdote tenha a consciência de que o seu 'estar numa Igreja particular' constitui por natureza um elemento qualificante para viver uma espiritualidade cristã" (PDV, 31).

O desafio sempre é traduzir tamanha riqueza apresentada pelos documentos conciliares no cotidiano das relações eclesiais. Paróquias isoladas, feudos paroquiais e presbiterais, eclesiologias antagônicas, exigências por demais diversas entre paróquias vizinhas, pouca solidariedade entre os presbíteros, má distribuição do clero são questões que dificultam a visibilidade da comunhão no corpo presbiteral. Daí a importância da Pastoral Prebisteral.

Paulatinamente foi se descobrindo a relevância da Pastoral Presbiteral na vida e missão dos presbíteros, como "lugar" essencialmente comunitário, como caminho encontrado para a concretização daquela verdade que se encontra em PO, n. 8: "Os presbíteros, elevados ao presbiterado pela ordenação, estão unidos entre si numa íntima fraternidade sacramental".

Dentre as muitas contribuições da Pastoral Presbiteral está o cuidado e o apoio mútuo entre os presbíteros, rompendo, dessa forma, certa mentalidade eclesial e cultural de que padres são super-homens, não necessitados de ajuda. Ninguém olvida da solidão que constantemente bate à porta do ministério ordenado, por razões de natureza diversas, históricas e estruturais.

A Pastoral Presbiteral é instância de fortalecimento mútuo, espaço de comunhão, lugar privilegiado para a concretização da comunidade de comunidades entre os irmãos ordenados. O ministério presbiteral necessita permanentemente de momentos de espiritualidade em comum, de pequenos grupos de partilha de vida, orações em comum, moradia em comum. "Promover entre os presbíteros um mínimo de vida comum e de reuniões, sob formas diversas, de acordo com as diversas necessidades pessoais e pastorais, como, por exemplo, moradia comum, quando possível, mesa comum ou, pelo menos, reuniões periódicas e frequentes" (PO, n. 8).

Expressão concreta da comunhão presbiteral tem sido os Encontros Nacionais de Presbíteros (ENP), realizados a cada dois anos. Trata-se de um privilegiado instrumento para crescer na fraternidade presbiteral nacional e regional. Através desses encontros tem-se fomentado a comunhão e crescido na identidade presbiteral.

5
Paróquia, comunidade de
sujeitos eclesiais

5.1 A partir do Concílio Vaticano II, uma Igreja que reconhece os sujeitos sociais e culturais

Abertura e diálogo são as palavras que melhor traduzem a intencionalidade primordial do Concílio Ecumênico Vaticano II. Até então, o mundo moderno era, para a eclesiologia reinante, um perigo a ser evitado. A Igreja era marcada pela postura defensiva, contra o protestantismo (contrarreforma), contra a Modernidade, contra as vozes críticas internas. Diante do mundo secular emergente, ela se reafirmava como "sociedade perfeita", "perfeita e absolutamente independente, com pleno poder legislativo, judiciário, coercitivo e visivelmente identificável por seus traços, como assembleia do povo romano, o reino da França ou a República de Veneza"[73].

Com o Concílio a Igreja se reconcilia com o mundo, supera o eclesiocentrismo reinante de uma "sociedade perfeita". Se até às vésperas do último concílio a Igreja se autocompreendia como *sociedade perfeita*, com o Vaticano II ela se dá conta de que não está fora do mundo; mas, ao con-

---

73. LIBÂNIO, J.B. *Concílio Vaticano II*: em busca de uma primeira compreensão. São Paulo: Loyola, 2005, p. 107.

trário, é parte integrante dele. Por isso dialoga com ele, reconhece seus valores, deixa-se ser questionada, e ao mesmo tempo apresenta a novidade do Evangelho do qual é serva.

A preocupação do evento conciliar Vaticano II não foi definir verdades e dogmas, combater heresias, corrigir erros, mas repensar a si mesma a partir da aproximação desarmada do mundo, de quem a Igreja esteve afastada desde o início dos tempos modernos. O mundo, as realidades terrestres, tudo aquilo que diz respeito à sociedade humana passam a ser "lugares teológicos", sinais dos tempos. Rompe-se com a era do "castelo", cercado de muralhas doutrinárias e ideológicas defensoras dos perigos do mundo. Aflora a consciência de que a Igreja não só está no mundo, mas faz parte dele, da história da humanidade. Significativa foi, portanto, essa conversão eclesiológica na qual se reconhecem os sujeitos religiosos e sociais, dando início a um processo de autêntico diálogo intra e extraeclesial. Tanto a pessoa como a sociedade, as culturas, os processos históricos são, a partir de então, reconhecidos pela Igreja como sujeitos; reconhecidos em sua dignidade e valorizados em sua sadia autonomia. Sábias são as palavras de São João XXIII no discurso de abertura do Concílio: "O que mais importa ao Concílio Ecumênico é o seguinte: que o depósito sagrado da doutrina cristã seja guardado e ensinado de forma mais eficaz. Essa doutrina abarca o homem inteiro, composto de alma, corpo, e a nós, peregrinos nesta terra, manda-nos tender para a pátria celeste. [...] A Igreja sempre se opôs a esses erros; muitas vezes até os condenou com a maior severidade. Agora, porém, a esposa de Cristo prefere usar mais o remédio da misericórdia do que o da severidade"[74].

A Igreja dá um passo inusitado ao colocar no centro das discussões conciliares a relação Igreja-sociedade, Igreja-cultu-

---

74. JOÃO XXIII. *Discurso Inaugural do Concílio Vaticano II.*

ra, Igreja-mundo. Após séculos de isolamento, ela sabe estar diante de um sujeito chamado Modernidade, sem aqueles sentimentos de superioridade ou rejeição que lhe estavam enraizados há séculos, mas também sem a ingenuidade de não diferenciar os valores do Reino e denunciar os entraves que dificultam sua realização. Passo fundamental rumo à conversão eclesial, portanto, foi entender a sociedade, a secularização, a cultura moderna como sujeitos, portadores de autonomia, vivacidade e dinamicidade próprias[75]. Trata-se de uma realidade legítima, de direito e não de fato, querida pelo próprio Criador. Portanto, não é uma realidade contraditória à fé. Ao contrário, é manifestação de Deus, desde que autenticamente vivida. Não somente tolerar a autonomia, mas reconhecê-la, promovê-la é o princípio da conversão pastoral, pois somente quando os interlocutores são autônomos é que se pode estabelecer verdadeiro diálogo entre eles. "É dever da Igreja investigar a todo momento os sinais dos tempos e interpretá-los à luz do Evangelho" (GS, 4).

A relação Igreja-sociedade é, portanto, de complementaridade e iluminação mútua. "O povo de Deus e a humanidade, na qual ela se insere, prestam-se serviços mútuos. De tal maneira, que a missão da Igreja se manifesta como religiosa, e por isso mesmo, humana no mais alto grau" (GS, 11).

---

75. "No entanto, muitos dos nossos contemporâneos parecem temer que a íntima ligação entre a atividade humana e a religião constitua um obstáculo para a autonomia dos homens, das sociedades ou das ciências. Se por autonomia das realidades terrenas se entende que as coisas criadas e as próprias sociedades têm leis e valores próprios, que o homem irá gradualmente descobrindo, utilizando e organizando, é perfeitamente legítimo exigir tal autonomia. Para além de ser uma exigência dos homens do nosso tempo, trata-se de algo inteiramente de acordo com a vontade do Criador. Pois, em virtude do próprio fato da criação, todas as coisas possuem consistência, verdade, bondade e leis próprias, que o homem deve respeitar, reconhecendo os métodos peculiares de cada ciência e arte" (CONCÍLIO VATICANO II. Constituição Pastoral *Gaudium et Spes* sobre a Igreja no mundo de hoje. In: VIER, F. (coord.). *Compêndio do Vaticano II*: constituições, decretos e declarações. 29. ed. Petrópolis: Vozes, 2000).

Posto isso, podemos afirmar sem hesitação que dimensão estruturante da configuração eclesial *comunidade de comunidades* está no seu relacionamento com a sociedade. Penetrar a cidade, através do testemunho, diálogo e serviço é questão decisiva para a credibilidade da paróquia. Significativas são as palavras do n. 170, do doc. 105: "Igreja em 'chave de missão' significa estar a serviço do reino, em diálogo com o mundo, inculturada na realidade histórica, inserida na sociedade, encarnada na vida do povo. Uma Igreja 'em saída' entra na noite do povo, é capaz de fazer-se próxima e companheira, mãe de coração aberto, para curar feridas e aquecer o coração".

5.2 Vaticano II: uma Igreja que reconhece os sujeitos eclesiais

Semelhante processo de abertura e diálogo acontece com a realidade interna da Igreja ao reconhecer, no seu interior, novos *sujeitos eclesiais*. Aflora a percepção de que a hierarquia já não pode mais ser considerara o único *sujeito eclesial* dentro da Igreja, pensamento em voga durante toda a Cristandade.

Aos leigos, após séculos de passividade, é conferido o estatuto de sujeito, como se pode perceber no decreto *Lumen Gentium*, cujo capítulo sobre o povo de Deus precede aquele sobre a hierarquia. Nas trilhas do Vaticano II e da eclesiologia latino-americana, a conferência dos bispos do mesmo continente, realizada em Aparecida, reafirma a eclesiologia de comunhão ao dizer que o leigo é *sujeito eclesial* (DAp, 497a), que todos são discípulos missionários.

À Igreja local é igualmente atribuída significativa valorização, apesar dos retrocessos nas décadas seguintes ao Vaticano II, devido ao crescente centralismo da Cúria Romana.

Para o Concílio, a Igreja Católica se dá *na* e *pelas* Igrejas locais (LG, 23). A Igreja Católica é comunidade de Igrejas. No pontificado do Papa Francisco assistimos vertiginosa revalorização das Igrejas locais, das conferências episcopais, esperando delas inclusive colaboração direta nas questões pastorais e teológicas. Para o Papa Francisco "não convém que o papa substitua os episcopados locais no discernimento de todas as problemáticas que sobressaem nos seus territórios" (EG, 16). Continua o bispo de Roma: "não se deve esperar do magistério papal uma palavra definitiva ou completa sobre todas as questões que dizem respeito à Igreja e ao mundo" (EG, 16). As conferências episcopais são "sujeitos de atribuições concretas" (EG, 32). Elas não são unidades administrativas, funcionárias da Cúria Romana. São sujeitos eclesiais.

Outro sujeito reconhecido pelo Concílio Vaticano II são as outras religiões. Trata-se de um passo por demais importante na tão urgente caminhada do diálogo ecumênico e inter-religioso. O Concílio deu um pontapé inicial para que o tema avançasse e fosse sempre mais aprofundado na reflexão teológica e na prática pastoral.

Ainda nas trilhas da renovação pastoral do Concílio, outro sujeito redescoberto é a instituição do catecumenato, patrimônio evangelizador das origens do cristianismo. Catecumenato e catecúmenos são reconhecidos como *sujeitos eclesiais*, haja vista a atenção pastoral aos adultos. São eles os principais protagonistas do processo de *iniciação à vida cristã*. A instituição catecumenal, riqueza sem precedentes na história da *iniciação à vida cristã*, é resgatada após séculos de desaparecimento.

Esses poucos mas significativos exemplos revelam o pano de fundo do novo cenário eclesial que se desenha a partir da segundo metade do século XX. Trata-se, sem dúvida, do início de uma guinada eclesiológica radical, a partir do imperativo da Igreja comunhão, *comunidade de comunidades*. O ponto de partida do Vaticano II é a busca por uma Igreja de *sujeitos eclesiais*, capaz de formar *comunidade de comunidades* internamente e com o mundo no qual está inserida. Desprovidos dessa eclesiologia de comunhão do Vaticano II, sem esse novo *humus* eclesiológico, não seria possível hoje falar de *comunidade de comunidades, uma nova paróquia*, nem de *sujeitos eclesiais no mundo e na sociedade*.

5.3 *Sujeitos eclesiais* na Igreja e na sociedade, sem dicotomia

Não é aceita sem ressalvas a teologia da índole secular do leigo, enfatizada sobretudo a partir do Concílio, na qual se afirma que o campo específico da atuação do leigo é a realidade secular. Todo cuidado para não cair no dualismo intra e extraeclesial se faz necessário[76]. Ser *sujeito eclesial na Igreja e na sociedade* é missão de todo batizado, ainda que com enfoques diferentes. Ambas as realidades são lugares do agir de

---

76. São inúmeras as passagens nos textos do Concílio nas quais aparece a relação leigo-mundo. Citemos algumas delas. "Próprio do estado dos leigos viver no meio do mundo e das ocupações seculares, eles são chamados por Deus, para, cheios de fervor cristão, exercerem como fermento o seu apostolado no meio do mundo" (AA, 2). "A índole secular caracteriza especialmente os leigos. Pois os que receberam a ordem sacra, embora algumas vezes possam ocupar-se em assuntos seculares, exercendo até profissão secular, em razão de sua vocação particular destinam-se principalmente e ex-professo ao sagrado ministério. E os religiosos por seu estado dão brilhante e exímio testemunho de que não é possível transfigurar o mundo e oferecê-lo a Deus sem o espírito das bem-aventuranças. É, porém, específico dos leigos, por sua própria vocação, procurar o Reino de Deus exercendo funções temporais e ordenando-as segundo Deus. Vivem no século, i. é, em todos e em cada um dos ofícios e trabalhos do mundo. Vivem nas condições ordinárias da vida familiar e social, pelas quais sua existência é como que tecida" (LG, 31b).

cada cristão; são espaço para construção e concretização do ser sujeito, são espaço para a atuação de todo discípulo missionário de Jesus Cristo.

Secularidade designa a relação de pertença e a relação ontológica com o *seculum*; quer dizer, com o mundo criado por Deus. A secularidade é, portanto, uma nota antropológica de todo ser humano. O batismo não anula essa relação com o *seculum*, essa relação criatural, senão que a configura desde a redenção de Cristo e à espera da plenitude final. Essa nova relação com o mundo que surge com o batismo é a secularidade cristã ou "dimensão secular" da Igreja[77]. Nessa perspectiva, "todos os membros da Igreja são partícipes de sua dimensão secular" (CHL, 15)[78].

Essa característica secular de todo batizado reveste-se de fundamental relevância no intuito de evitar qualquer armadilha do dualismo eclesiológico. Mesmo afirmando a especificidade laical de atuar na realidade secular, não se pode dar margem ao exclusivista ou ao dualismo, que em nada contribui para a formação de um laicato adulto, de uma Igreja toda ministerial, de um clero em saída. Todos os *sujeitos eclesiais* são, por dom e compromisso batismal, servos na Igreja e na sociedade. O leigo é, por vocação, chamado a ser sal da terra e luz no mundo, e com o mesmo sabor e brilho ser sal e luz na Igreja, nos ministérios, nos canais de decisão e execução da missão da Igreja. O clero é chamado ao serviço do altar, e com a mesma reverência a servir à mesa do Reino nos mais diversos areópagos modernos.

---

77. Cf. VILLAR, J.R. Sinodalidad: Pastores y fieles em comunión operativa. In: *Scripta Theologica* – Revista de la Facultad de Teología de la Universidad de Navarra, vol. 48, n. 03, dez./2016, p. 674.

78. JOÃO PAULO II. *Exortação Apostólica Christifidelis Laici sobre a missão dos leigos na Igreja e no mundo*. São Paulo: Paulinas, 1989, n. 15.

O Doc. 105, sobre o laicato, após reafirmar a especificidade do leigo na realidade secular[79], não se esquiva em mostrar a sadia relação leigo-Igreja-mundo. Os leigos são "verdadeiros sujeitos eclesiais e corresponsáveis pela nova evangelização, tanto na Igreja como no mundo". Continua o documento: "Permanecendo Igreja, como ramo na videira (Jo 15,5), o cristão transita do ambiente eclesial ao mundo civil para, a modo de sal, luz (Mt 5,13-14) e fermento (Mt 13,33; Lc 20,21), somar com todos os cidadãos de boa vontade, na construção da cidadania plena para todos" (Doc. 105, n. 166-167).

A expressão "transitando do ambiente eclesial ao mundo civil" supera qualquer tentação de dualismo eclesiológico, seja para o leigo, seja para o clero. Se quisermos afirmar um lugar próprio para cada sujeito, esse lugar não pode ser fixo, e em contrapartida, outros lugares não podem estar fechados. *Nessa perspectiva*, é preciso "aprofundar a questão dos ministérios leigos, estimulando a criação de novos" (Doc. 105, n. 274)[80].

O transitar de cada *sujeito eclesial* tem, portanto, mão dupla; ou seja, na Igreja e na sociedade, e isso traz consequências relevantes[81]. Se não for *sujeito eclesial* na Igreja, não será sujeito sal da terra e luz no mundo civil, pois o não sentir-se sujeito eclesial dentro da Igreja implica não sentir-se capaz

---

79. "Queremos recordar e insistir que o primeiro campo e âmbito da missão do cristão leigo é o mundo" (Doc. 105, n. 53).

80. Sobre novos ministérios os Doc. 100 e 105 trazem afirmações animadoras. "O fortalecimento das comunidades supõe a multiplicação de ministérios e serviços de discípulos e discípulas missionários" (Doc. 100, n. 192). "Os dons e carismas individuais, partilhados, colaboram para o enriquecimento de toda a comunidade paroquial" (Doc. 100, n. 173). Abrir-se a novos ministérios é abrir-se à Trindade, pois é ela que "enriquece a Igreja com muitos carismas que estão a serviço da comunidade, e fazem crescer a dimensão ministerial da Igreja" (Doc. 100, n. 306). "Uma Igreja toda ministerial oferece espaços de comunhão, corresponsabilidade e atuação dos leigos e colabora com a descentralização" (Doc. 105, n. 152).

81. "A construção da cidadania, no sentido mais amplo, e a construção de eclesialidade nos leigos, é um só e único movimento" (DAp, 215).

de realizar uma missão específica na sociedade. Em outros termos, o não sentir-se *sujeito eclesial* na Igreja implica não se considerar sal da terra na sociedade. É urgente alargar os espaços intraeclesiais, investir em novos ministérios laicais, e com a mesma seriedade incentivar a presença cristã do leigo na sociedade, nos novos areópagos modernos[82], uma vez que "ainda é insuficiente e até omissa a sua ação nas estruturas e realidades do mundo, nos areópagos da universidade, da comunicação, da empresa, do trabalho, da política, da cultura, da medicina, do judiciário e outros" (Doc. 105, n. 39).

Não se pode reduzir a ação do leigo ao campo secular, nem tampouco ao âmbito intraeclesial, ao preço de clericalizá-lo. "O ser cristão, sujeito eclesial e cidadão não podem ser vistos de maneira separada" (Doc. 105, n. 164), pois "a vivência dos carismas e o exercício dos ministérios no interior da Igreja não devem substituir nem mesmo diminuir o empenho dos cristãos leigos e leigas no campo do mundo" (Doc. 105, n. 88).

Tal consciência sociotransformadora deve ser trabalhada já no processo da *iniciação à vida cristã*. "A iniciação à vida cristã precisa incluir a caridade, não apenas como conteúdo, mas como práxis... A dimensão da caridade, da justiça, da paz e da salvaguarda da natureza há de ser garantida nos processos catecumenais, para formar cristãos comprometidos com um humanismo integral e solidário" (Doc. 107, n. 188). A catequese precisa "incluir novos temas (como

---

82. Os novos areópagos citados pelos documentos são família, mundo da política, das políticas públicas, mundo do trabalho, mundo da cultura e da educação, mundo das comunicações, cuidado com a nossa Casa Comum (cf. Doc. 105, n. 250-273). Existem ainda as grandes cidades, as migrações, os refugiados políticos, de guerra ou de catástrofes naturais, a pobreza, o empenho pela paz, o desenvolvimento e a libertação dos povos, sobretudo das minorias, a promoção da mulher e da criança, a força da juventude, as escolas, as universidades, a pesquisa científica, as relações internacionais, o turismo, os militares e outros (cf. Doc. 105, n. 273), na "defesa da vida, ecologia, ética na política, economia solidária e cultura da paz [...] defesa da integridade da Terra e do cuidado com a biodiversidade" (Doc. 100, n 285).

ecumenismo, ecologia, comunicação moderna, questões sociais..." (Doc. 107, n. 75). Não se pode pressupor que as pessoas tenham consciência de que a caridade é dimensão constitutiva do ser cristão. Mais do que em outros tempos, precisa-se hoje ser iniciado em todas as dimensões da vida crista, também na dimensão sociotransformadora da fé.

5.4 Conselhos de Pastoral e assembleias paroquiais: sujeitos de planejamento e decisões

Nos anos que se seguiram ao Vaticano II cresceu a centralização eclesial exagerada na pessoa do papa e na Cúria Romana. "Ocorreu nos anos posteriores ao concílio um movimento de cunho centralizador com a finalidade de enquadrar o episcopado e neutralizar os pronunciamentos de bispos e teólogos"[83]. Recolocar o Vaticano II em marcha tem sido a marca pastoral e teológica do Papa Francisco. Seu empenho na descentralização eclesial merece destaque, a começar pela descentralização romana. Numa Igreja sinodal, insiste o Papa Francisco: "não convém que o papa substitua os episcopados locais no discernimento de todas as problemáticas que sobressaem nos seus territórios. Nesse sentido, sinto a necessidade de proceder a uma salutar 'descentralização'" (EG, 16). Continua o papa: "Estou convencido de que, numa Igreja sinodal, também o exercício do primado petrino poderá receber maior luz. O papa não está, sozinho, acima da Igreja; mas, dentro dela, como batizado entre batizados e, dentro do Colégio Episcopal, como bispo entre os bispos, chamado simultanea-

---

83. MIRANDA, M.F. A sinodalidade na vida da Igreja. In: GODOY, M. & JÚNIOR, F.A. (orgs.). *50 anos de Medellín* – Revisando os textos, retomando o caminho. São Paulo: Paulinas, 2017, p. 274.

mente – como sucessor do Apóstolo Pedro – a guiar a Igreja de Roma, que preside no amor a todas as Igrejas"[84].

A partir dessas provocações do Papa Francisco percebe-se a urgência de enfrentar o desafio de crescer na sinodalidade paroquial. O processo de construção da nova paróquia e da afirmação dos *sujeitos eclesiais* tem passagem obrigatória no avanço nas instâncias de planejamento, participação, comunhão e decisão da vida e missão da paróquia. Antes de ser uma estratégia em vista da eficácia pastoral ou administrativa, as instâncias participativas devem ser expressões de uma Igreja sinodal, que caminha junto, evangeliza junto, reflete junto e decide junto.

Quais são as expressões concretas do caminhar junto, ou seja, da sinodalidade no cotidiano da estrutura paroquial? Residem, aqui, geralmente reducionismos eclesiológicos, estreitamento de compreensão do que seja efetivamente o caminhar junto na Igreja. A comum-unidade das pastorais, comunidades e movimentos revela, sem sombra de dúvida, dimensão importante da sinodalidade da vida e missão da Igreja. A sinodalidade paroquial acontece no estar em comum-união com a rede paroquial, evitando, assim, pastorais, movimentos, comunidades isoladas. Nessa perspectiva, a intencionalidade da *comunidade de comunidades* é expressão de sinodalidade eclesial no mais alto grau.

A comunhão dos presbíteros entre si e com o bispo diocesano é outra expressão do caminhar junto. O mesmo se pode dizer da comunhão entre o clero e os leigos, o pároco e os paroquianos. Contudo, sinodalidade paroquial não pode se realizar apenas no estar em comunhão e na unidade, no estar não dividido ou na inexistência de gavetas pastorais. A sinodalidade deve avançar para formas mais ousadas de comu-

---

84. Disponível em http://w2.vatican.va/content/francesco/pt/speeches/2015/october/documents/papa-francesco_20151017_50-anniversario-sinodo.html

nhão eclesial. Por mais essenciais que sejam essas realidades acima citadas, elas não podem ser as únicas expressões de uma paróquia sinodal. A sinodalidade se realiza no executar junto os projetos, nas corresponsabilidades, na pertença eclesial, mas fundamentalmente no planejar junto, no decidir e no administrar junto a vida e missão da paróquia, o que em nada diminui o ministério do presbítero, antes o enriquece e o complementa por ser ele um homem de comunhão eclesial, "ministério de síntese, e não síntese dos ministérios". Mais do que em outros tempos, ele é animador de comunidades, suscitador de carismas e serviços, valorizador dos *sujeitos eclesiais*. Na linguagem catecumenal, ele é cada vez mais chamado a ser mistagogo.

Os atuais canais de planejamento de que a paróquia dispõe são os conselhos paroquiais e comunitários, as assembleias e os conselhos econômicos. "Os conselhos pastorais decorrem da eclesiologia de comunhão, fundamentada na Santíssima Trindade" (Doc. 105, n. 141). Portanto, nada mais contraditório do ser comunidade de comunidades do que a ausência dessas instâncias sinodais, que são "reflexo da centralização e do clericalismo" (Doc. 105, n. 141). A questão, contudo, que se levanta é pelo real alcance sinodal dessas instâncias; ou seja, se são instâncias adultas, instâncias-sujeitos de direitos e compromissos, ou dependentes da boa vontade e da eclesiologia de cada pároco? Para aprofundar a problemática em questão nos concentremos no Conselho Pastoral Paroquial (CPP), a mais conhecida instância de comunhão e participação paroquial, a qual, embora recomendada pela renovação eclesiológica do Vaticano II, é, de acordo com o Direito Canônico, facultativa, e o parecer dos conselheiros, consultivo. Diante de tal compreensão do Direito Canônico, cabe uma pergunta não retórica, mas que toca o coração da maturidade eclesial paroquial: como avançar no ser *sujeito eclesial e no ser comunidade de comunidades* diante da não obrigatoriedade do CPP, salvo se o bispo o determinar naquela diocese? Consequência disso e causa ao mesmo tempo, na maioria dos casos, é o clericalismo, preocupação recorrente do Papa Francisco. Para o bispo de Roma, como se autointitula, o que bem expressa sua consciência e prática sinodais, "o fenômeno do clericalismo explica em grande parte a falta de maturidade e de liberdade cristã em parte do laicato da América latina"[85].

Vale lembrar que "é bem verdade que a participação nos canais de decisão da vida paroquial é uma responsabilidade que requer maturidade; sinodalidade requer um laicato adulto"[86]. E aqui novamente vislumbramos a relação dialética entre os temas que estão sendo abordados ao longo do livro. Sinodalidade exige maturidade, exige iniciação, e ao mesmo tempo a sinodalidade é lugar de iniciação. Se, por um lado, a sinodalidade requer um laicato adulto, por outro lado, sem sinodalidade, não pode haver *sujeitos eclesiais* adultos.

As instâncias sinodais não estão no nível da ajuda aos pastores, mas são dimensões constitutivas de uma Igreja em saída. Por isso, torna-se cada vez mais problemática, do ponto de vista eclesiológico e teológico, a questão meramente consultiva dessas instâncias. Teologicamente, elas são lugares do ser *sujeito eclesial*, espaço para o exercício do sacerdócio comum de todos os batizados. "Nas assembleias e reuniões pastorais aprende-se a ser Igreja, a fortalecer a unidade no respeito pela diversidade" (Doc. 105, n. 143). São espaço, portanto, de *iniciação à vida eclesial*. Dar voz aos fiéis é reconhecê-los *sujeitos*. Na sinodalidade já está em andamento a formação de cristãos conscientes e adultos. Dar-lhes voz e espaço, ouvi-los, permitir que se expressem é constitutivo do amadurecimen-

---

85. PAPA FRANCISCO. *Mensagem e homilia* – JMJ Rio 2013, p. 94.

86. REINERT, J.F. *Paróquia e iniciação cristã...* Op. cit., p. 227.

to humano e cristão. O processo de formação da maturidade eclesial e da formação de fiéis adultos na fé vai além daqueles momentos especificamente formativos. A missionariedade, por exemplo, é lugar de formação. O exercício da coordenação pastoral e comunitária igualmente o é. A participação nos conselhos favorece o amadurecimento humano e eclesial. Enfim, a sinodalidade na paróquia, a promoção das instâncias de decisão e corresponsabilidade situam-se para além da mera execução das atividades ou da eficiência administrativa. É, antes, expressão institucional de fé. É fundamentalmente a concretização de uma paróquia horizontal, corresponsável e interdependente, no respeito e valorização dos vários sujeitos que formam o sujeito eclesial coletivo denominado paróquia.

A constatação de Santo Domingo de que a maior parte dos batizados ainda não tomou plena consciência de sua pertença à Igreja; sente-se católica, mas não Igreja (DSD, 96) tem, certamente, muitas razões, dentre as quais a passividade a que os leigos foram relegados por muito tempo. A falta de participação nas decisões da vida paroquial e diocesana faz os cristãos não se sentirem nem comunidade nem *sujeito eclesial*.

Embora o bom-senso e a prática pastoral tenham mostrado a existência de CPPs em muitas paróquias, torna-se problemático não tratar-se de algo constitutivo da identidade paroquial. O que parece estar bastante claro é o fato de o estatuto canônico não ter acompanhado a reflexão teológica do Vaticano II sobre o povo de Deus. Alguns documentos do magistério eclesial ensaiam uma superação dessa limitação canônica. Citemos o Documento da Conferência de Aparecida, que diz textualmente que "os leigos devem participar do discernimento, da tomada de decisões, do planejamento e da execução" (DAp, 371). Na mesma linha de pensamento, o Doc. 105 sobre o laicato, no n. 274b pede para "convocar os cristãos leigos e leigas, como membros efetivos da Igreja, a participar consciente, ativa e frutuosamente dos processos de planejamento, decisão e execução da vida eclesial e da ação pastoral por meio das assembleias paroquiais, diocesanas, regionais e nacionais, e dos conselhos pastorais, econômico-administrativos, missionários e outros".

Torna-se cada vez mais insustentável, diante da atual cultura sedenta de democracia e participação, as decisões da paróquia dependerem de uma só ou de poucas pessoas, que pretensiosamente julgam possuir todas as habilidades ou informações necessárias para tomar as decisões. Não se pode subestimar o fato de outras pessoas verem com mais clareza certos desafios e apresentarem propostas por estarem mais próximas dos problemas reais, mais diretamente envolvidas com certos assuntos, em função de sua vocação própria de serem sinais do Reino nas realidades temporais[87]. Nessa perspectiva, o Papa Francisco, em recente carta enviada à Pontifícia Comissão para a América Latina, de modo profético afirma ser "ilógico, e até mesmo impossível pensar que nós, como pastores, devamos ter o monopólio das soluções para os múltiplos desafios que a vida contemporânea nos apresenta".

Não se nega que "há padres muito dedicados e com exemplar pastoreio, mas o laicato precisa assumir maior espaço de decisão na construção da comunidade" (Doc. 100, n. 32). "Os conselhos devem ser apoiados, acompanhados e respeitados, superando qualquer tentação de manipulação ou indevida submissão" (Doc. 105, n. 141). "A conversão pastoral supõe considerar a importância dos processos participativos de todos os membros da comunidade paroquial" (Doc. 100, n. 290).

---

87. Ibid., p. 226.

5.5 Sinodalidade como expressão de fé e de missionariedade

Vale a pena insistir nesse aspecto: os Conselhos Pastorais Paroquiais (CPP), os Conselhos Pastorais Comunitários (CPC), os Conselhos Diocesanos, as Assembleias e outras instâncias participativas não apontam apenas para a organização e eficiência pastorais. Há, nelas, algo muito mais profundo do que sua funcionalidade. Reside nelas uma densidade teologal e eclesiológica. Teologal, porque remetem à fé, à escuta do Espírito, que sopra onde quer e fala através da multiplicidade dos *sujeitos eclesiais* diversos. Teologal porque é vontade de Deus, na bela intuição do Papa Francisco: "o caminho da sinodalidade é precisamente o caminho que Deus espera da Igreja do terceiro milênio"[88].

Eclesiológica, porque remete à Igreja em saída; saída do monopólio das decisões, saída do centralismo clerical. "A Igreja querigmática e missionária é um Igreja peregrina, desinstalada, samaritana, misericordiosa" (Doc. 107, n. 109). Instâncias de participação e decisão são o retrato de uma Igreja não fechada sob a vontade e a decisão de uma casta. Sinodalidade é, por excelência, saída, abertura; abertura a outras ideias, a outras realidades, abertura ao clamor do Espírito. "A conversão pastoral supõe considerar a importância dos processos participativos de todos os membros da comunidade paroquial" (Doc. 100, n. 290).

Na Exortação Apostólica *Evangelii Gaudium* o Papa Francisco chama a atenção para necessidade de uma modalidade de comunhão que seja "dinâmica, aberta e missionária". Três, portanto, são as qualificações da realidade comunional

---

88. PAPA FRANCISCO. *Discurso no cinquentenário do Sínodo*, 17/10/2015 [Disponível em http://w2.vatican.va/content/francesco/pt/speeches/2015/october/documents/papa-francesco_20151017_50-anniversario-sinodo.html].

da Igreja, na visão de Francisco. Sínodo é o nome da Igreja, já dizia São Jerônimo. "É lógico por isso que quem segue a vida nova em Cristo e no Espírito se designem *synodoi*, e não podem surpreender que a Igreja mesma seja denominada *synodoi*. Inácio de Antioquia se dirige aos cristãos de Éfeso como *synodoi*, cuja relevância cristológica e eclesiológica vem ratificada pelas designações sucessivas: portadores do templo, portadores de Cristo, portadores de santidade"[89]. Transformados pela ressurreição de Jesus Cristo, os seguidores do Nazareno utilizaram a palavra caminho para referir-se a eles mesmos (At 24,14.22). Igreja é caminho, é peregrina nessa história, rumo à pátria definitiva. Sínodo "indica o caminho que recorrem juntos os membros do povo de Deus. Remete, portanto, ao Senhor Jesus, que apresenta a si mesmo como 'o Caminho, a Verdade e a Vida' (Jo 14,6) e ao fato de que os cristãos, em sua origem, foram chamados 'os discípulos do caminho" (cf. At 9,2; 19,9.23; 22,4; 24,14.22)[90].

Posto isso, afirmamos sem maiores dificuldades que entre *comunidade de comunidades* e sinodalidade há estreita relação. Sínodo é a expressão que melhor traduz o espírito que anima a nova paróquia, *comunidade de comunidades*. Sinodalidade não é estrutura, é a eclesiologia que sustenta as estruturas; é espírito que possibilita novas iniciativas e novas relações. Sinodalidade é o ser da Igreja que motiva o seu fazer.

É muito interessante revisitar a etimologia da palavra "sínodo" e sua relação com a preposição "de" (*comunidade "de" comunidades*), e ainda sua relação com o sujeito eclesial. Sínodos, *syn*, significa caminhar com. A preposição "de" da expressão *comunidade "de" comunidades* não quer expressar ou-

---

89. FUENTE, E.B. El fundamento teológico de la sinodalidad. In: *Scripta Theológica* – Revista de la Faculdad de Navarra, vol. 48, n. 3, dez./2016, p. 649.

90. IGREJA CATÓLICA/Comissão Teológica Internacional. *A sinodalidade na vida e na missão da Igreja*. Op. cit.

tra coisa senão o caminhar com; ou seja, remete ao caminhar juntos dos vários atores eclesiais da nova paróquia; sejam eles pessoas, comunidades, pastorais, movimentos, ministérios etc. A expressão *comunidade de comunidades* é altamente sinodal, é o caminhar junto de todas as expressões eclesiais, fazendo-se uma só comunidade, tornando-se sujeito coletivo[91].

Ser *sujeito eclesial*, por sua vez, exige a condição sinodal. É somente no "caminhar com" que se é Igreja. Reconhecer todos os sujeitos como companheiros do caminho é condição primordial para afirmar-se como sujeito. O caminhar "com" (*sinodoy*) só é caminhada genuinamente sinodal quando for entre sujeitos conscientes de sua dignidade, direitos, compromissos e responsabilidades. Uma multidão de batizados não iniciada na vida cristã, por não sentir-se Igreja, vê-se impossibilitada de viver a sinodalidade. Uma Igreja clericalista igualmente é incapaz, por não reconhecer os outros como companheiros eclesiais. Somente um clero adulto no ministério e na fé é capaz de ser líder sinodal, de "caminhar com" todas as forças vivas da nova paróquia. Uma Igreja intraeclesial é incapaz de caminhar com a sociedade

Sinodalidade é outro nome para dizer maturidade eclesial, sentimento de ser Igreja. Ela pressupõe iniciação e ao mesmo tempo é caminho para a iniciação.

---

91. O Documento da Comissão Teológica Internacional sobre sinodalidade assim se expressa: "A vida sinodal é testemunho de uma Igreja constituída por sujeitos livres e diversos, unidos entre eles em comunhão, que se manifesta em forma dinâmica como um único sujeito comunitário que, afirmado/construído sobre a pedra angular que é Cristo e sobre colunas que são os Apóstolos, é edificada como pedras vivas em uma 'casa espiritual' (cf. 1Pd 2,5), 'morada de Deus no Espírito'" (Ef 2,22) (IGREJA CATÓLICA/Comissão Teológica Internacional. *A sinodalidade na vida e na missão da Igreja.* Op. cit., n. 55).

5.6 Liturgia é comunidade de sujeitos celebrantes

O primeiro *sujeito eclesial* é a comunidade! Em decorrência dessa verdade teológica, cada fiel, a partir de sua vocação específica, é sujeito ativo. *Sujeitos eclesiais* são igualmente o conjunto das instâncias, organismos eclesiais e os mais diversos canais de maturidade cristã. Nessa perspectiva, cabe agora visitar a renovação litúrgica, no intuito de captar "onde" está o *sujeito eclesial* nessa instância, fruto do *aggiornamento* do último concílio. Em outros termos, captar de que forma a renovação litúrgica ajuda a formar comunidade de sujeitos celebrantes e como ela fortalece a comunidade de fé e promove a cidadania eclesial dos fiéis constituem os objetivos das páginas a seguir.

Libânio resume o que pretende o movimento litúrgico desde sua origem: "Numa palavra: o movimento litúrgico condensava uma série de reivindicações: vivência e participação subjetiva pessoal e comunitária, compreensão e acessibilidade do significado dos ritos, simplificação de ritos e superação do rubricismo, variedade e pluralidade da Liturgia da Palavra e orações eucarísticas, profundidade de penetração do mistério celebrado, dimensão pascal e salvífica da liturgia, nova concepção do Mistério, antes como sedução do que como limite da inteligência"[92]. Todas essas dimensões ganham ainda mais pertinência se olharmos para o contexto pré-conciliar da época. Nele predominava a centralização do ato cúltico sacerdotal no qual os fiéis assumiam a função de meros receptores dos frutos do sacrifício celebrado que valia por si mesmo. Durante o momento celebrativo bastava uma presença de fé sem participação ativa alguma, e mesmo sem muita compreensão do que se realizava, uma vez que a língua latina era incompreensível.

---

92. LIBÂNIO, J.B. *Concílio Vaticano II...* Op. cit., p. 28.

A não participação ativa do povo, a incompreensão do que se rezava, o padre de costas para o povo, além de outros atrasos, nos permitem concluir que a liturgia era ato de um só sujeito, o padre. Os fiéis assistiam a missa, cuja mentalidade ainda hoje está presente aqui e acolá. Ilustrativas são as palavras de Brighenti: "Com isso, a missa deixou de ser um ato comunitário para se converter numa devoção privada do sacerdote e de cada um dos fiéis. O sentido pascal da celebração litúrgica é deslocado para devocionismos sentimentais de meditação da paixão de Cristo. Enquanto o padre, lá no altar distante, reza a missa de costas para o povo, os fiéis se entretêm com suas devoções particulares, em torno aos santos. A própria comunhão é substituída pela "adoração da hóstia" e a festa de *Corpus Christi* se converte na festa mais importante do ano litúrgico, superior à Páscoa"[93].

Tal descaracterização da liturgia tem seu início num período mais antigo, ainda no século IV, quando se dá a passagem das pequenas comunidades, Igrejas domésticas, para celebrações massivas, nas basílicas. Nesse contexto, com a generalização do batismo de crianças, as celebrações sacramentais da iniciação à vida cristã, centradas no período pascal, passam a ser celebrações privadas, individuais, familiares.

Posteriormente, a Eucaristia passa a ser unicamente objetivo de adoração. Perde-se o simbolismo da mesa-refeição, passando a ser altar de sacrifício. O povo já não comunga; basta ver e adorar a hóstia. A teologia escolástica da Eucaristia estava focada nos aspectos da matéria, forma e na validade das palavras da consagração. "A comunhão consistia em receber uma coisa,

---

93. BRIGHENTI, A. *Do sacerdote celebrante a uma assembleia sacerdotal* – Em que o Vaticano II mudou a Igreja, 3 [Disponível em http://www.amerindiaenla red.org/contenido/12094/do-sacerdote-celebrante-a-uma-assembleia-sacerdotal-em-que-o-vaticano-ii-mudou-a-igreja-3/].

isto é, o Corpo e o Sangue de Cristo; mas, ao que parece, a comunhão com Cristo nada tinha a ver com algum tipo de relacionamento ou unidade profunda com o restante das pessoas presentes na Igreja"[94].

Salta aos olhos o teor intimista com que estava obscurecida a liturgia, muito mais preceito religioso do que celebração. O costume de esconder o rosto durante a missa confirma o intimismo entre "eu e Jesus". O padre, por sua vez, também na cultura eclesial do intimismo, rezava de costas para o povo. A obrigação do padre celebrar diariamente a Eucaristia, mesmo que sozinho, reforça tal intimismo.

Com a renovação litúrgica – seja na prática, seja na reflexão pastoral – nova compreensão de liturgia começa a ser desenhada. "Após o Concílio Vaticano II, nas celebrações litúrgicas buscou-se maior participação da assembleia" (Doc. 100, n. 274). Os ritos voltam a ser vivenciados e compreendidos para além do seu mero valor objetivo – compreensão até então predominante –, na lógica do *ex opera operato*.

Celebrante é toda a comunidade dos fiéis. Recupera-se a centralidade da assembleia, que se converte em sujeito celebrante coletivo, comunidade toda sacerdotal, como fica evidente no depoimento a seguir: "Uma pessoa sai da igreja na manhã de domingo, e alguém pergunta: Quem celebrou a Missa das dez horas? A pessoa responde: Umas trezentas ou quatrocentas pessoas presididas pelo Padre Smith. Foi uma grandiosa celebração na qual verdadeiramente experimentamos a presença de Cristo e nossa união com Ele"[95].

---

94. SHANNON, W.H. Espiritualidade sacerdotal: falando abertamente ao interior. In: COZZENS, D.B. (org.). *A espiritualidade do padre diocesano*. Op. cit., p. 119.

95. Ibid., p. 121.

Se no pré-vaticano II a liturgia católica era marcada pelo caráter jurídico, além de estar centrada no clero, a partir da reforma litúrgica cada *sujeito eclesial*, a seu modo, é sujeito ativo da celebração, toma parte da liturgia, a qual deixa de ser mero rito exterior e passa a ser compreendida como verdadeiro culto que transforma todos em sacramento, sinal da presença e atuação de Deus no mundo. Superou-se, portanto, aquele horizontalismo celebrativo, no qual o padre celebrava e o povo assistia. Doravante, liturgia é duplamente encontro entre sujeitos: iniciativa de Deus que convoca, e o ser humano que responde; é encontro entre o divino e o humano, e encontro entre os irmãos que professam a mesma fé e formam comum-unidade.

Graças à volta às fontes, a liturgia, ao se reapropiar de elementos centrais, tais como a centralidade do mistério pascal, e a decorrente centralidade do domingo, que é a festa semanal do cristão, a centralidade da Escritura nas celebrações, a valorização das duas mesas, mesa da Palavra e da Eucaristia, a participação ativa de todos dos fiéis, o uso da língua vernácula, a inculturação, pode-se afirmar que liturgia é *sujeito eclesial*, porque é lugar da concretização de comunidade de sujeitos celebrantes.

Contudo, não obstante tamanha conquista na liturgia, volta com força, nos tempos atuais, um retrocesso litúrgico, com consequências graves; sobretudo para a dimensão comunitária da fé e para o amadurecimento do fiel. Tal retrocesso ganha corpo nas suas mais diversas expressões, cujo pano de fundo são o ritualismo, o rubricismo, além do forte apelo ao personalismo; haja vista, por exemplo, a ênfase nas vestes litúrgicas pomposas, o constante surgimento de personagens *pop-star*. Com esses retrocessos a centralidade litúrgica já não é mais o mistério pascal. Deixemos que o Doc. 105 fale sobre esses desafios: "Enfoca-se a segurança doutrinal ou disciplinar, procurando buscar o passado perdido. Há um exagero em vestes, leis, rigorismos, principalmente no campo da liturgia, mas sem mudança interior. É a volta ao ritualismo e à exterioridade" (Doc. 105, n. 81); "perduram ainda a sacramentalização, o devocionismo e o clericalismo. Nesse contexto, a conversão pastoral fica prejudicada e enfraquecida. É preciso muito discernimento a respeito da prática de determinados exorcismos, de promessas de cura e de certo estilo de celebrações litúrgicas, especialmente da mídia. Constata-se a volta de um exagerado ritualismo" (Doc. 105, n. 44).

Diante dessa realidade, seja para o aprofundamento do processo de renovação litúrgica, seja para a superação dos retrocessos da liturgia, a metodologia catecumenal tem enorme contribuição a oferecer, pois ela tem um enorme potencial evangelizador, catequético e pastoral.

Com a inspiração catecumenal, a liturgia se afirma ainda com mais plausibilidade como instância-sujeito, sendo fortalecida no seu objetivo primordial, que é o encontro vivencial e mistagógico com o Mistério. Brevemente veremos algumas características da liturgia catecumenal e sua sintonia com o permanente avanço da renovação litúrgica.

• A centralidade do ano litúrgico. É ele, o ano litúrgico, que pauta os temas, os tempos e as etapas do itinerário catecumenal. "A catequese [...] distribuída por etapas e integralmente transmitida, relacionada com o ano litúrgico e apoiada nas celebrações da Palavra" (RICA, 19, 1). A centralidade do ano litúrgico atesta, portanto, que o itinerário catecumenal está centrado no mistério pascal e é por ele estruturado. O itinerário formativo está em sintonia com a liturgia centrada no núcleo central da fé cristã, que é o mistério pascal. Não é qualquer liturgia que fará comunhão com a catequese, não é qualquer liturgia que é catequética; somente liturgia sujeito, centrada no mistério pascal. "O Rica é o melhor exemplo de unidade entre Liturgia e catequese" (DNC, 118).

• A unidade dos três sacramentos da *iniciação à vida cristã* é outra marca relevante da inspiração catecumenal. Tal unidade faz da liturgia e da catequese uma realidade mais unificada. Nos tempos áureos do catecumenato, os três sacramentos da iniciação eram conferidos conjuntamente, no Sábado Santo, na vigília pascal. "Aos poucos, na Cristandade medieval, os sacramentos da iniciação cristã foram celebrados sem muita relação entre eles" (Doc. 107, n. 44). Essa fragmentação, além de ser uma fragmentação sacramental, tem como consequência outra fragmentação, a da pastoral; ou seja, pouca ou nenhuma unidade entre pastoral do batismo, catequese infantil e catequese crismal. Após séculos de fragmentação, o Rica recupera a unidade sacramental perdida. Sem "forçar a barra" podemos dizer que essa unidade sacramental é também expressão da orquestra eclesial *comunidade de comunidades*. Os sacramentos do Batismo, Crisma e Eucaristia formam entre si uma unidade inseparável. "Os três sacramentos da iniciação, em uma unidade indissolúvel, expressam a unidade da obra trinitária na iniciação cristã: no Batismo assumimos a condição de filhos do Pai, a Crisma nos unge com a unção do Espírito Santo e a Eucaristia nos alimenta com o próprio Cristo, o Filho" (Doc. 107, n. 91).

• A liturgia e a catequese de inspiração catecumenal são marcadas pela centralidade da experiência de Deus. A beleza dos ritos litúrgicos, a riqueza dos momentos celebrativos, a própria existência do Ritual da Iniciação Cristã de Adultos ratificam que liturgia sem experiência é ritualismo vazio. A densidade experiencial de Deus na liturgia catecumenal confirma que toda liturgia é e deve ser "lugar" privilegiado para que todos tenham uma experiência profunda de Deus e de Igreja. Quando a liturgia não cumpre esse objetivo, ela não está sendo sujeito celebrante coletivo, mas tão somente instância de prestação de serviço religioso, a serviço do intimismo religioso.

• Centralidade da Palavra de Deus. O itinerário catecumenal abre caminhos para nova relação com a Bíblia. Ser sujeito eclesial é passar de simples receptor da Palavra para leitor ativo da história da salvação, que é também nossa história. Enfim, a renovação litúrgica é outra instância-sujeito eclesial por promover a superação de muitas distorções litúrgicas que não levam ao amadurecimento da fé e à conversão da pessoa e da comunidade.

5.7 O econômico como sujeito eclesial responsável e solidário

Na tarefa de repensar a estrutura paroquial percebe-se uma lacuna nas reflexões e propostas relacionadas às questões econômico-administrativas, lembrando que tais dimensões são partes integrantes do conjunto de conversões a que a paróquia é chamada a realizar. A questão ficará mais clara à medida que aprofundarmos o que entendemos por dimensão econômico--administrativa numa estrutura eclesial que pretende ser *comunidade de comunidades,* promotora do protagonismo de todos os sujeitos eclesiais, *casa da iniciação à vida cristã.*

De imediato se deve afirmar que ela vai muito além da composição da equipe ou do conselho administrativo[96] – embo-

---

96. Em paróquias de um único sujeito, "a administração e a responsabilidade da comunidade concentram-se, exclusivamente, no pároco" (Doc. 100, n. 29).

ra seja essencial, vai além da prestação de contas nos conselhos paroquiais; ultrapassa a eficiência administrativa; não se limita a uma boa Pastoral do Dízimo. Naturalmente, é preciso avançar sempre mais nessas questões, sobretudo na transparência financeira, cuja ausência é causa de constantes queixas em muitas paróquias. É urgente avançar nessas questões, uma vez que "o modelo paroquial brasileiro, em sua grande maioria, depende da atividade dos presbíteros; seja na missão evangelizadora, na celebração dos sacramentos, na formação, na administração dos bens. Há padres muito dedicados e com exemplar pastoreio, mas o laicato precisa assumir um maior espaço de decisão na construção da comunidade" (Doc. 100, n. 32).

Contudo, esses pontos necessitam estar situados dentro de um leque mais amplo de iniciativas pastorais fraternas e corresponsáveis no tocante ao aspecto financeiro. A intenção deste subtítulo é enfatizar que a dimensão econômica da paróquia é convocada a resgatar sua dimensão espiritual e teologal; isto é, o modo como uma comunidade eclesial se organiza economicamente é também (ou não) lugar da manifestação de Deus. Algumas perguntas podem ajudar na reflexão: Qual a missão que desempenha o fator econômico na construção de uma estrutura eclesial *comunidade de comunidades*? O aspecto econômico na vida eclesial tem algo a contribuir para o surgimento de *sujeitos eclesiais*? Como traduzir ou visibilizar através dos fatores administrativo e econômico a eclesiologia de comunhão do Concílio Vaticano II?

Sem a pretensão de responder exaustivamente a tais questões, algumas observações, que em muitas realidades paroquiais já são realidade, podem ajudar na reflexão. A nova paróquia-comunidade de *sujeitos eclesiais* tem como pressuposto a existência; seja a partir do plano pastoral ou de diretrizes particulares, de um projeto fraterno de comunhão dos bens econômicos. Tem sido prática tradicional na organização financeira da paróquia os caixas de cada comunidade fazerem os repasses-taxas à matriz ou à administração geral. O problema não está na existência dos caixas nas comunidades, com sua honesta administração e coerente prestação de contas. O questionamento a ser feito aponta na direção do individualismo e desigualdades que podem se esconder através de tais costumes; comprometendo, dessa forma, a real comunhão que pretende a *comunidade de comunidades*.

Desde o início insistiu-se que *comunidade de comunidades, sujeitos eclesiais* e *iniciação à vida cristã* se propõem a repensar os canais de relacionamentos eclesiais. Encontramo-nos, aqui, portanto, diante de uma das expressões de relacionalidade eclesial. A atual lógica econômica capitalista que inclui e, em proporções infinitamente maiores, exclui pessoas, pode encontrar vestígios nas organizações econômicas das dioceses e das paróquias quando se permite desigualdades econômicas entre as comunidades da mesma paróquia, ou entre as paróquias da mesma diocese. Quando em uma paróquia está ausente aquela preocupação na partilha e justo acesso aos bens entre todos os sujeitos-comunidades eclesiais não se superou a lógica individualista que rege as sociedades modernas, comprometendo o anúncio do Evangelho e o suporte testemunhal necessário para a credibilidade da Boa-nova.

Quando dentro de uma mesma paróquia ou diocese uma comunidade carece dos recursos necessários para sua vida e missão, e outras com facilidade gastam de forma desnecessária, temos aí um dos sinais mais eloquentes do que não é uma estrutura *comunidade de comunidades*. "Será preciso desenvolver fundos de solidariedade entre as paróquias da diocese. Paróquias mais antigas e estáveis economicamente são chamadas a partilhar seus recursos, para que outras comunidades possam crescer e se estabelecer. Não se trata apenas de uma partilha esporádica, mas de uma forma organizada e permanente de ajuda mútua entre as pequenas comunidades da mesma paróquia, entre as paróquias da diocese e com áreas de missão além-fronteiras" (Doc. 100, n. 294).

Dentro do território paroquial e diocesano são cada vez mais comuns realidades socioeconômicas distintas, avizinhando-se classe média/alta e bolsões de pobreza. Qual é o projeto econômico paroquial para que as paróquias situadas nesses dois mundos socioeconômicos não reproduzam em seu interior essa realidade? Expressões populares como "paróquias ricas" e "paróquias pobres" resumem aquilo a que estamos chamando a atenção. Portanto, um plano de comunhão dos bens no fraterno uso comum do dinheiro, de acordo com as necessidades locais, e uma maior partilha entre as paróquias é fundamentalmente sinal profético e modelo econômico alternativo diante de uma sociedade individualista e excludente. Caixa comum, fundo solidário, fundo comum dos bens... Independente da terminologia, urge avançar numa economia alternativa daquela que rege a lógica econômica liberal.

O ideal das primeiras comunidades continua sempre atual e muito tem a dizer à *conversão paroquial*. Por mais melindroso que seja entrar nesse assunto, a reflexão da nova paróquia não pode deixar à margem a reforma econômico-administrativa, o que não é possível sem uma profunda motivação evangélica, com densa espiritualidade de comunhão. Princípio fundamental, nesse sentido, é não dissociar por demais espiritualidade e administração dos bens. Na administração econômica se revela a espiritualidade que a paróquia cultiva, além do que a sinodalidade é caminhar juntos também nos recursos que a paróquia dispõe para a evangelização. Os investimentos financeiros revelam a maturidade teológica e eclesial da comunidade daquela paróquia. A porcentagem dos recursos gastos na formação inicial e permanente de seus *su-*

jeitos eclesiais, os recursos investidos na transmissão da fé, na ação social, por exemplo, são questões que tocam diretamente a *conversão pastoral*.

A formação para o real sentido teológico, eclesial, social do dízimo é uma ferramenta indispensável nessa nova consciência econômica da paróquia. Com o dízimo deve-se evitar "o sentido de taxa ou mensalidade e a ideia de retribuição" (Doc. 100, n. 287). Enfim, urge uma nova lógica, nova espiritualidade administrativa, "especialmente o Conselho de Assuntos Econômicos não pode ser uma 'diretoria' ocupada apenas com construções e reformas... Para superar uma mentalidade que reduz a administração à manutenção e construção de bens materiais é preciso proporcionar formação específica para os membros do Conselho de Assuntos Econômicos" (Doc. 100, n. 291).

5.8 Formação: sujeito de amadurecimento eclesial – A formação dos sujeitos eclesiais

O caminho percorrido até aqui possibilitou apontar algumas instâncias da paróquia que merecem ser assumidas como *sujeitos*, por favorecerem amadurecimento pessoal e coletivo na fé cristã. Adultos na fé exigem estruturas eclesiais adultas.

Queremos agora dizer uma palavra sobre a formação dos *sujeitos eclesiais*, cuja centralidade na construção da nova paróquia se torna cada vez mais irrenunciável. A formação religiosa, bíblica, teológica e humana dos sujeitos religiosos, ou seja, o programa de formação, é outra instância que merece a classificação de *sujeito eclesial*.

Nas últimas décadas tem-se assistido notável avanço no tocante à formação dos fiéis leigos, sobretudo dos agentes de evangelização. "Aumenta o número de cristãos leigos e leigas que exercem o ministério de teólogos, de leigos formados em teologia, pregadores da Palavra, especializados em espiritualidade, em conhecimentos bíblicos, litúrgicos, pastorais e em retiros espirituais. Oxalá esses avanços cheguem a todos os cristãos" (Doc. 105, n. 26).

Muitos padres têm priorizado o aprofundamento dos estudos teológicos e de outras áreas. Muitas paróquias investem considerável montante financeiro na formação permanente em vista da capacitação de seus agentes. Leigos e leigas, há algum tempo, formam-se em teologia, lecionando-a em faculdades e universidades. Esses e outros exemplos são sinais de esperança que abrem caminhos para o protagonismo de novos sujeitos, para o surgimento de cristãos cada vez mais conscientes e iniciados na fé, e consequentemente para o fortalecimento da comunidade eclesial.

O tornar-se *sujeito*, discípulo missionário é um processo que não acontece à margem da sólida formação[97], que, por sua vez, não acontece sem um sólido programa formativo. A formação visa "amadurecimento contínuo da consciência, da liberdade e da capacidade de exercer o discipulado e a missão no mundo; deve ser um compromisso e uma paixão das comunidades eclesiais" (Doc. 105, n. 229). No intuito de não cair nas armadilhas do improvismo pastoral, também no campo formativo, o Doc. 105, sobre os leigos, insiste na elaboração de um consistente programa de formação, que dê aos fiéis a garantia da continuidade, como que denunciando os impro-

---

97. "A formação de sujeitos eclesiais, que implica amadurecimento contínuo da consciência, da liberdade e da capacidade de exercer o discipulado e a missão no mundo, deve ser um compromisso e uma paixão das comunidades eclesiais. Trata-se de buscar uma Igreja participativa que supere dicotomias. Isso habilita a Igreja a inserir-se de modo qualificado nas realidades urgentes de nossos dias, como Igreja 'em saída', e contribui com a formação de uma consciência eclesial crítica dos seus próprios limites" (Doc. 105, n. 229).

visos ou a superficialidade na formação oferecida aos leigos em certas realidades paroquiais[98]. "É urgente desencadear um processo integral de formação, que seja programada, sistemática e não meramente ocasional, considerando especialmente a Doutrina Social da Igreja" (Doc. 100, n. 212), pois "persiste ainda o amadorismo em relação à preparação e formação das lideranças" (Doc. 105, n. 47).

Cada vez mais se percebe que "sem uma formação permanente, contínua, o cristão leigo corre o risco de estagnar-se em sua caminhada eclesial" (Doc. 105, n. 226). É importante frisar que todos os sujeitos têm o direito e o dever da formação permanente, sobretudo os leigos. "Na elaboração de nossos planos pastorais queremos favorecer a formação de um laicato capaz de atuar como verdadeiro sujeito eclesial e competente interlocutor entre a Igreja e a sociedade, e entre a sociedade e a Igreja" (DAp, 497a).

O clero, responsável pela formação de outros sujeitos, não pode descuidar de sua formação permanente. "Para que a conversão pastoral da paróquia se realize é fundamental a preparação dos presbíteros, especialmente dos párocos, para essa nova mentalidade de missão" (Doc. 100, n. 304). O ativismo pastoral não pode ser motivo de descuido de sua formação[99].

A qualidade formativa dos futuros presbíteros está entre as grandes preocupações da Igreja no Brasil. Foi esse o tema da Assembleia de 2018 da CNBB. Torna-se pertinente fazer menção a esse documento, uma vez que ele está em sintonia com os temas tratados nesta obra. O documento enfatiza, além de outras questões, a dimensão relacional do futuro presbítero.

---

98. No programa formativo há de ser contemplada a formação básica a todos os fiéis e a formação específica para cada função ou para cada grupo.

99. "No ativismo pode ser que não se dedique ao estudo e não se prepare melhor para escutar e entender os anseios dos que o procuram" (Doc. 100, n. 201).

Se, de fato, acreditamos que *iniciação à vida cristã* é o caminho mais indicado para o tornar-se *sujeito eclesial*, então a formação dos catequistas há de ser prioridade absoluta. "Não se trata apenas de um 'cursinho', mas de um espaço, orgânico e permanente, de formação teológica, litúrgica, bíblica, metodológica e psicológica para catequistas" (Doc. 100, n. 305). Tudo isso marcado por "novo estilo de formação" (Doc. 100, n. 302), pois "não bastam palestras e cursos, mas um autêntico processo que forma uma nova consciência pastoral e missionária" (Doc. 100, n. 304). Outra iniciativa formativa é "a troca de experiências entre paróquias, dioceses e regionais, a respeito da iniciação à vida cristã, socializando materiais, programas de formação, sugestão de assessorias, através de uma rede de comunicação mais efetiva entre os regionais, dedicando maior atenção às regiões carentes de recursos" (Doc. 107, n. 195).

E, por fim, é importante que se diga que o "novo estilo de formação" se realiza concretamente em todas as dimensões do ser *comunidade de comunidades* já mencionadas. Todas as instâncias-sujeitos eclesiais são lugares de formação permanente. A participação nos conselhos e assembleias é formação, o investimento na *iniciação à vida cristã* é formação, a homilia é espaço formativo, a missão é formação, as relações eclesiais são formação, a pastoral presbiteral é formação. A liturgia é fonte de formação permanente, sobretudo a partir de sua reforma, na qual ela se apresenta configurada como sujeito celebrante coletivo. "A liturgia é fonte inesgotável de formação do discípulo missionário, e as celebrações, pela riqueza de suas palavras e ações, mensagens e sinais, podem ser consideradas como 'catequese em ato'" (Doc. 107, n. 182).

5.9 A organização do laicato

A abordagem anterior sobre os novos movimentos, novas comunidades e associações de fiéis de certa forma contemplou o que aqui será abordado: a organização do laicato. Muitas são as possibilidades de os leigos se organizarem eclesialmente. Muitas são as possibilidades e as eclesiologias, que por vezes a eclesialidade pode ser afetada, o que é inadmissível em quaisquer circunstâncias. Aqui nos limitaremos à reflexão de uma forma específica, o Conselho Diocesano de leigos (CDL), o qual, além de favorecer o pratogonismo do sujeito leigo, é fundamental para conservar a eclesialidade das diferentes formas de o leigo ser Igreja.

No Doc. 105 o CDL é abordado ao longo do item 3 do capítulo III. Especificamente no n. 275f há explicitamente a sugestão pastoral para as dioceses promoverem o Conselho de Leigos. A diocese é convidada a "criar e/ou fortalecer os Conselhos Regionais e Diocesanos de Leigos e oferecer indicativos em vista da elaboração de seus próprios regimentos".

A sugestão não é novidade, seja porque em muitas dioceses ela já é uma realidade presente, seja porque outros documentos eclesiais já fizeram anteriormente a mesma recomendação. O documento da Conferência de Santo Domingo, do ano de 1990, por exemplo, assim se expressa: "Promover os Conselhos de Leigos, em plena comunhão com os pastores e adequada autonomia, como lugares de encontro, diálogo e serviço, que contribuam para o fortalecimento da unidade, da espiritualidade e organização do laicato" (DSD, 98).

No processo da construção da *Igreja comunidade de comunidades* composta por *sujeitos eclesiais* o Conselho dos Leigos assume um lugar significativo, de importância vital, por ser sinal visível e espaço concreto de um laicato organizado em nível diocesano. Trata-se de um organismo articulador, organizador, integrador das várias formas de viver a vocação laical e sua missão evangelizadora. O Conselho Diocesano de Leigos quer congregar, dar maior unidade à diversidade e riqueza dos carismas existentes na diocese. É espaço de articulação, de diálogo, de formação permanente, de troca de experiência, de fortalecimento da missão e da vocação laical. Em uma palavra, o Conselho Diocesano de Leigos é instância-sujeito eclesial a serviço da comunhão eclesial. É espaço de protagonismo eclesial, uma vez que muitas iniciativas concretas surgem dessa instância articuladora. É lugar formativo porque é espaço de discernimento e de fortalecimento da consciência de ser Igreja.

A pergunta a ser colocada na mesa de discussão: Por que a inexistência do Conselho de Leigos em muitas dioceses, uma vez que o tema não é novidade e sua legitimidade está atestada há tempo, em vários documentos eclesiais? Argumentos a favor e contra a implantação do CDL se misturam. As vozes contra-argumentam que os leigos estão envolvidos nas mais diversas atividades e pastorais, fazem-se presentes nos conselhos diocesanos, nos conselhos paroquiais, e isso justificaria a não necessidade de um Conselho Diocesano dos Leigos (CDL). Argumentos a favor da existência do conselho são muito mais consistentes. Sua razão de ser está sobretudo, conforme já mencionado, em ser um organismo de articulação, organização e representação dos leigos na diocese.

Se outros conselhos e instâncias são realidades consolidadas na Igreja, como é o caso da Conferência Nacional dos Bispos do Brasil, Conferência dos Religiosos do Brasil, Conselho dos Presbíteros, Colégio Consultor, Reunião do Clero,

Conselho dos Diáconos, o que justificaria a não promoção do Conselho Diocesano de leigos? Fato é que, diante de uma realidade em que no inconsciente de muitas pessoas Igreja é sinônimo de hierarquia, a não existência de um organismo representativo de leigos, que se articule "em plena comunhão com os pastores e adequada autonomia, como lugares de encontro, diálogo e serviço, que contribuam para o fortalecimento da unidade, da espiritualidade e organização do laicato" (DSD, 98), pode fortalecer essa pobre compreensão eclesiológica, na qual Igreja e hierarquia se equivalem. Quando se vê, por um lado, a existência e o reconhecimento de várias instâncias representativas e, por outro lado, a inexistência de uma instância oficial de leigos, legitimamente reconhecida e valorizada, pode ser uma mensagem perigosa a reforçar ainda mais a mentalidade de que Igreja é hierarquia e, por conseguinte, contribuir com a passividade dos fiéis leigos.

A existência do Conselho Diocesano de Leigos é um direito, e não concessão da hierarquia. Medo aqui e acolá de que o conselho de leigos pode dar margem à postura de enfrentamento, oposição, pode revelar, na verdade, a insegurança e/ou centralismo de líderes religiosos. Fundamental, para a nova paróquia, é que esse organismo seja considerado por todos, sobretudo pela hierarquia, instância-sujeito eclesial, reconhecido como espaço e organismo de corresponsabilidade, sinodalidade, laboratório de protagonismo eclesial.

6

Os rostos dos diversos *sujeitos eclesiais*

6.1 Um mosaico de muitas peças

Qual um mosaico formado por muitas peças, *comunidade de comunidades* é composta por uma diversidade de rostos, dons, ministérios, vocações. Cada rosto é indispensável para a concretização da nova paróquia.

Os três documentos, direta e indiretamente apresentam o rosto dos diversos *sujeitos eclesiais*. Não teremos aqui a pretensão de refletir especificamente cada um deles, mas reafirmar mais uma vez que todos, pela graça do batismo, são sujeitos ativos na Igreja, e não meros destinatários da ação evangelizadora de um único sujeito que seria o clero. A riqueza da vida paroquial está na diversidade de rostos, dons e carismas; o que confirma a acertada intuição de Congar, com seu paradigma comunidade-carismas e ministérios. Após fazer menção aos sujeitos apresentados pelos documentos, uma palavra de destaque queremos oferecer a dois personagens decisivos para a renovação paroquial: as mulheres e os pobres, bem como uma palavra sobre os dois sujeitos principais do itinerário da iniciação: o iniciando e a comunidade eclesial.

A partir de uma leitura abrangente é possível captar os sujeitos eclesiais destacados nos Doc. 100, 105 e 107:

• Os bispos. São eles os primeiros responsáveis por implementar a conversão pastoral; a estarem próximos de todos (cf. Doc. 100, n. 195). Os bispos são sinal de comunhão e garantidores de que o elo da *comunidade de comunidades* não se rompa. Sua postura de confiança em todos os *sujeitos eclesiais* é fundamental para a maturidade de todo batizado e também para a maturidade das estruturas eclesiais. Bispo é o primeiro catequista da diocese.

• Os presbíteros. Sendo homens de relacionamento, a renovação paroquial depende muito da postura do presbítero. Eles devem promover a participação de todos, cultivar uma profunda vida espiritual para serem, para os fiéis, canais de encontro pessoal com Jesus Cristo.

• Diáconos permanentes. "O diácono permanente, inserido no 'comum' da comunidade em sua dupla sacramentalidade, explicita a presença servidora de Cristo e se constitui sinal da unidade eclesial" (Doc. 100, n. 206). Uma presença maior nos trabalhos sociais da Igreja, na formação teológica das lideranças eclesiais é sempre uma contribuição irrenunciável que os diáconos podem prestar para uma Igreja em saída.

• Os consagrados. Com seus carismas específicos, eles têm uma contribuição ímpar na renovação pastoral. Através de seu carisma de vida em comunidade, eles são sujeitos fundamentais na assimilação da lógica das *comunidades de comunidade*.

• Os leigos. Há ainda um longo caminho a ser percorrido para que os leigos tenham plena consciência de que são Igreja. O Doc. 100 destaca, dentre os leigos, as famílias, as mulheres, os jovens e os idosos. Já o Doc. 105, no capítulo I, item 3 (rostos do laicato) em sintonia e ampliando o Doc. 100 nesse aspecto, destaca os casais, as crianças da catequese, os coroinhas, os menores abandonados, os órfãos, as crianças com deficiência, os adotados, as vítimas de abuso sexual, os migrantes, os explorados pelo trabalho escravo, as mulheres, os jovens, os idosos, os viúvos e as viúvas, os vocacionados, os que atuam em ONGs, em movimentos sociais, em partidos políticos, em sindicatos, em conselhos de políticas públicas. Sem a preocupação de elencar todos os sujeitos leigos, o importante é perceber a vastidão e a riqueza da diversidade laical na Igreja. São eles, sem sombra de dúvida, a maioria absoluta no cotidiano das comunidades.

No tocante ao trabalho pastoral com as famílias não podemos deixar de ter como referência obrigatória *Amoris Laetitia*, do Papa Francisco, infelizmente exortação apostólica ainda pouco incentivada por parte do magistério no tocante às aplicações pastorais lá claramente propostas. Sem perder de vista o ideal, o documento do Papa Francisco parte da real situação em que se encontram as famílias.

• Crianças da catequese. "Todas as crianças da catequese e as que participam da Infância Missionária e do serviço dos coroinhas, que animam nossas comunidades, tornam a Igreja ainda mais bela e atraente e evangelizam seus familiares, seus amigos e as crianças em geral. São o germe de um laicato maduro" (Doc. 105, n. 53). Daí se entende por que a inspiração catecumenal ilumina todas as formas de catequese, inclusive a infantil; inspiração catecumenal aplicada à catequese infantil é passagem necessária para desenvolver o germe rumo a um laicato maduro.

• Os jovens. São riqueza para as comunidades eclesiais e para a sociedade, sobretudo por sua ousadia e determinação em dar testemunho cristão numa sociedade de contraste (cf. Doc. 100, n. 222). Referência obrigatória para a evangelização dos jovens é a atual Exortação pós-sinodal *Christus Vivit*. A "pluralidade dos mundos juvenis" alarga ainda mais o sentido real de comunidade de comunidades. É preciso ir onde os jovens estão.

• Idosos. Nem sempre os idosos são ouvidos na organização paroquial. Eles têm muito a oferecer à Igreja a partir do seu testemunho de vida, e a comunidade eclesial, por sua vez, tem muito a oferecer aos idosos em termos de convivência, diante de uma cultura do isolamento e da solidão.

O Doc. 107 traz como sujeito da *iniciação à vida cristã* a família, os adultos, os adolescentes e jovens, as crianças, as pessoas com deficiência, os grupos culturais, as pessoas em situações específicas, os adultos não suficientemente evangelizados, a comunidade, os bispos, os presbíteros, os diáconos, os catequistas e os demais agentes de pastoral, da vida consagrada, dos movimentos apostólicos e das novas comunidades (cf. n. 198-239). Mais uma vez confirma-se, portanto, que *iniciação à vida cristã* de inspiração catecumenal é essa eclesiologia de comunhão que requer o comprometimento de todos; ou seja, do sujeito coletivo, que é a comunidade, formada por muitos rostos.

6.2 O protagonismo da mulher na vida paroquial

Sobre a presença da mulher na renovação paroquial e seu lugar no conjunto dos *sujeitos eclesiais* é preciso uma palavra a mais. É intensa a participação das mulheres nas mais diversas comunidades eclesiais, nas mais diversas pastorais e serviços. Elas são ministras extraordinárias da Eucaristia, fazem visita aos enfermos, estão nas coordenações das comunidades, na liturgia, na catequese etc. Contudo, a conversa sobre o papel da mulher na Igreja não pode se limitar ou se concentrar na questão do fazer, das funções, por mais importantes e necessárias que sejam sua atuação nesses lugares. Limitar a discussão no que as mulheres fazem, no que podem fazer, em última análise, é perder a oportunidade de avançar para águas mais profundas no tocante ao ser, ou seja, à presença feminina na Igreja. Não somente a partir do fazer da mulher, das funções, mas do ser da mulher.

A paróquia corre o risco de ser pensada exclusivamente a partir da mentalidade masculina, do clero ou, quando não, machista de Igreja. A conversão paroquial levada a cabo a partir de um enfoque mais feminino ajudará a avançar mais rapidamente nas dimensões da maternidade eclesial, da acolhida, do cuidado, do afeto, da misericórdia e, por que não, da estética. O protagonismo da mulher ajudará a Igreja a ter uma visão mais abrangente em certos aspectos pastorais e eclesiais.

A Igreja nascente, também nesse aspecto, tem algo a nos ensinar. A atenção às mulheres no início do cristianismo é surpreendente. Comecemos com a relação de Jesus com as mulheres, a qual revela dimensões centrais no tema da mulher como *sujeito eclesial e social*. Em uma sociedade altamente patriarcal Jesus mantinha relações próximas com as mulheres, chamando-as a serem sujeitos sociais e religiosas (Lc 8,1-3). É sabido que o grupo de Jesus era composto não somente por homens, conforme nos atestam os Evangelhos, fornecendo, inclusive, os nomes de algumas delas, o que é igualmente significativo. Nomear as mulheres numa cultura em que elas não eram consideradas é algo prenhe de significado. Lucas narra a existência de grupos de mulheres que seguiam Jesus e o serviam com seus bens: Maria (chamada Madalena, da qual haviam saído sete demônios), Joana (mulher de Cuza, procurador de Herodes), Susana e várias outras, que o serviam com seus bens (Lc 8,1-3).

As mulheres são beneficiadas pelos milagres de Jesus (cf. Lc 8,2; Mc 1,29-31; 5,25-34; 7,24-30). Deixa-se tocar, beijar e ter os pés ungidos por uma mulher tida como pecadora pública (Lc 7,36-50). Jesus quebra os paradigmas da distância e exclusão e se aproxima, faz comunidade com elas, reconhece-as como pessoas portadoras de dignidade.

A importância que as mulheres adquirem na ressurreição de Jesus como testemunhas é outra marca dos Evangelhos. Nos sinóticos e em João foram elas as primeiras testemunhas da ressurreição (Mt 28,1-8; Mc 16,1-7; Lc 24,1-10; Jo 20,11-18).

Nas primeiras comunidades, as mulheres participavam ativamente da vida da comunidade (cf. At 1,14). Suas casas eram utilizadas para os encontros (At 12,12; 16,12-15, 17,5-9; Cl 4,15). Nos recintos religiosos oficiais as mulheres não tinham voz nem vez. Nas Igrejas das casas, porém, tudo mudava de figura. Nas reuniões domésticas as mulheres cristãs podiam falar sobre os mais diversos assuntos. Sua sensação de libertação deve ter sido algo muito esperançoso. Enquanto que em culturas e ambientes, principalmente na vida pública, elas eram impedidas de terem seus espaços, passavam a ocupar lideranças nas reuniões cristãs[100].

Em Paulo, não são poucas as mulheres citadas que acompanhavam seu ministério. "Alguns dentre eles se convenceram e se uniram a Paulo e Silas, assim como grande multidão de adoradores de Deus e gregos, bem como não poucas mulheres da sociedade" (At 17,4). Priscila e Áquila aparecem em Rm 16,5 e 1Cor 16,19.

---

100. Cf. FERREIRA, J.A. Mulheres e Paulo numa mesma evangelização. In: *Paralellus* – Revista Eletrônica em Ciências da Religião (Unicap) [Disponível em http://www.unicap.br/ojs/index.php/paralellus/article/viewFile/546/pdf].

Há uma passagem emblemática em Paulo que mostra a valorização do feminino e sua plena igualdade em relação ao homem: "Pois todos vós sois filhos de Deus pela fé em Cristo Jesus. Pois, quantos de vós fostes batizados em Cristo, vos vestistes de Cristo. Não há judeu nem grego, não há escravo nem livre, não há homem e mulher. Pois todos vós sois um só em Cristo Jesus" (Gl 3,26-28).

Reina uma distância entre esse contexto da Igreja nascente e a realidade atual, diante da qual o Papa Francisco desabafa: "Ainda é preciso ampliar os espaços para uma presença feminina mais incisiva na Igreja. Porque o gênio feminino é necessário em todas as expressões da vida social [...] e nos vários lugares onde se tomam as decisões importantes, tanto na Igreja como nas estruturas sociais" (EG, 103).

A eclesiologia de comunhão, que é o fundamento da nova paróquia *comunidade de comunidades*, não admite subserviência de uma classe ou de um gênero sobre o outro. Recorda o documento da V Conferência em Aparecida que "todas as mulheres precisam participar plenamente da vida eclesial, favorecendo espaços e estruturas que promovam maior inclusão" (DAp, 454).

6.3 Pobres: "uma Igreja pobre para os pobres" (EG, 198)

Nos três documentos referenciais de nossa reflexão o pobre não ganha lugar de destaque. O Doc. 105, "Cristãos leigos e leigas", é o único que traz um subtítulo direcionado aos pobres: "Igreja pobre, para os pobres, com os pobres" (cap. III, item 1).

O Doc. 100, "Comunidade de comunidades", quando fala dos presbíteros, diz que a sobrecarga de trabalho não pode deixá-los insensíveis aos pobres (cf. Doc. 100, n. 200).

Uma paróquia insensível aos pobres, que não faz *comunidade de comunidades* com eles não chegará a ser nova paróquia, assim como um itinerário de *iniciação à vida cristã* indiferente aos pobres não iniciará em Jesus Cristo, que se fez pobre para enriquecer a todos com sua pobreza (2Cor 8,9). O contato real com os pobres é critério de autenticidade de todas as outras relações eclesiais.

O discurso do Papa Bento XVI, por ocasião da abertura da Conferência Latino-americana em Aparecida, é emblemático: "A opção preferencial pelos pobres está implícita na fé cristológica naquele Deus que se fez pobre por nós, para enriquecer-nos com sua pobreza" (cf. 2Cor 8,9)[101]. A sensibilidade, a atenção, a opção, o ser comunidade com os pobres não são simplesmente uma opção social e política; são, antes de tudo, uma questão de fé. "Há que afirmar sem rodeios que existe um vínculo indissolúvel entre a nossa fé e os pobres" (EG, 48). Portanto, a opção pelos pobres, se é questão de fé, está intimamente ligada à *iniciação à vida cristã*. Os pobres são caminho para Deus. "No seguimento do Mestre, o Papa Francisco quer uma Igreja pobre, a serviço dos pobres, presente nas periferias geográficas e existenciais" (Doc. 105, n. 179). A fundamentação teológica, portanto, pela opção preferencial pelos pobres "deriva da nossa fé em Jesus Cristo" (EG, 186).

Profeticamente recorda o Papa Francisco que "sem a opção preferencial pelos pobres, o anúncio do Evangelho – e este anúncio é a primeira caridade – corre o risco de não ser compreendido ou de afogar-se naquele mar de palavras que a atual sociedade da comunicação diariamente nos apresenta" (EG, 199). Obviamente não se trata de assistencialismo[102],

---

101. BENTO XVI. *Discurso Inaugural da Conferência de Aparecida.*

102. "Devemos estar sempre atentos para não cair na tentação de viver numa caridade hipócrita ou enganadora, uma caridade identificada com a esmola, com a

mas antes de tudo, reconhecê-lo como sujeito, e "isso implica apreciar o pobre na sua bondade própria, com o seu modo de ser, com a sua cultura, com a sua forma de viver a fé. O amor autêntico é sempre contemplativo, permitindo-nos servir o outro não por necessidade ou vaidade, mas porque ele é belo, independentemente da sua aparência" (EG, 99).

Os pobres não são categoria abstrata; eles têm nome, identidade, são sujeitos. Nessa perspectiva é urgente ficarmos atentos para reconhecer os novos (e antigos) rostos de pobreza: "pessoas que vivem nas ruas das grandes cidades, os migrantes, os enfermos, os dependentes de drogas, os detidos em prisões... os sem-abrigo, os refugiados, os povos indígenas, os negros, os nômades, os idosos, as pessoas que sofrem formas diferentes de tráfico, as mulheres que padecem situações absurdas de violências e maus-tratos, os menores em situação de risco, os deficientes, os nascituros – os mais indefesos de todos". E ainda, "o solo que desertifica" as espécies em extinção" (Doc. 105, n. 179).

Enfim, os pobres, nos seus mais diversos rostos e nomes, são sujeitos, e "isso implica apreciar o pobre na sua bondade própria, com o seu modo de ser, com sua cultura, com sua forma de viver a fé" (EG, 199).

Caminhar com os pobres é outra expressão, a mais bela, da sinodalidade eclesial. Todas as comunidades eclesiais "são chamadas, em todo lugar e circunstância, a ouvir o clamor dos pobres" (EG, 191) e a "ser instrumentos de Deus a serviço da libertação e promoção dos pobres" (EG, 187).

---

beneficência ou como uma "pílula calmante" para nossas inquietas consciências. Eis por que devemos evitar de assemelhar o trabalho da caridade com a eficácia filantrópica, com a eficiência de planejamento ou com a exagerada e efervescente organização" (PAPA FRANCISCO. *XXI Assembleia Geral da Caritas Internationalis*. Roma, 23-28/05/2019).

Na *iniciação à vida cristã*, a dimensão libertadora da fé e o compromisso sociolibertador são partes constitutivas da fé e do anúncio querigmático. No primeiro anúncio não se anuncia somente que Jesus é Deus, que nos ama e nos salva, mas que esse mesmo Deus se fez pobre em Jesus Cristo, colocando-se ao lado dos não sujeitos sociais e religiosos de sua época e de todas as épocas.

6.4 Comunidade e iniciando: sujeitos primordiais da iniciação à vida cristã

Talvez seja na *iniciação à vida cristã* de inspiração catecumenal que melhor está explícita a relação entre *sujeito eclesial* e *comunidade de comunidades*. Os protagonistas do itinerário da iniciação são ao mesmo tempo o iniciando e a comunidade. A iniciação se dá a partir da centralidade da pessoa, no respeito ao seu tempo de amadurecimento – por isso, a dinâmica da progressividade –, mas ao mesmo tempo, sempre em perspectiva comunitária. Comecemos pela comunidade.

A comunidade é o primeiro *sujeito eclesial*. É ela, na força do Espírito, quem evangeliza. Na linguagem catecumenal, a comunidade é a primeira catequista; é catequista coletivo. Cada pessoa da comunidade, ministério, serviço é indispensável no processo da iniciação à vida cristã. Tais afirmações só são possíveis a partir da nova eclesiologia do Vaticano II, na qual se dá a passagem de uma Igreja centralizada, jurídica, burocrática, estática para uma Igreja comunidade de pessoas, povo de Deus.

Comunidade é o espaço para o desenvolvimento do protagonismo do iniciando. "A Igreja, 'comunidade de comunidades', é que realiza a iniciação à vida cristã. É ela que acolhe, orienta e gera novos filhos e promove a fraternidade entre eles" (Doc. 107,

n. 67). Vale a pena transcrever todo o n. 106 do Doc. 107: "Sujeito indispensável dos processos de iniciação à vida cristã é toda a comunidade cristã. Ela é responsável pelo rosto que a Igreja vai apresentar a quem dela se aproxima – é necessário recuperarmos esta convicção e com ela sermos coerentes. O processo da iniciação à vida cristã requer a acolhida, o testemunho, a responsabilidade da comunidade. Quem busca Jesus precisa viver uma forte e atraente experiência eclesial. A iniciação dos chamados ao discipulado se dá pela comunidade e na comunidade".

Já tivemos a oportunidade de refletir a relação entre o enfraquecimento da dimensão comunitária da fé e o enfraquecimento do catecumenato naquele contexto de início da Cristandade. Não há dúvida de que "o sentido comunitário realiza e reforça a dimensão pessoal de cada cristão" (Doc. 100, n. 173).

A argumentação teológica de que a comunidade é o principal sujeito está no *sensus fidei*. Em diversos textos do Vaticano II encontramos referência explícita ao senso da fé (*sensus fidei*) dos fiéis, à inteligência da fé presente em cada membro do povo de Deus. Os termos utilizados variam, sendo que o *sensus fidei* é o mais conhecido (LG, 12; PO, 9). Há igualmente as expressões: *sensus catholicus* (AA, 30), *sensus christianus* (GS, 62) e *sensus religiosus* (GS, 59).

É o Espírito Santo quem capacita os fiéis com o senso da fé. É um sentido ou sentimento sobrenatural proporcionado pelo Espírito e que beneficia todo o povo de Deus, a fim de que receba a Palavra de Deus, aderindo a ela, saboreando e colocando-a em prática. É a faculdade ou habilidade de penetração cognitiva da verdade da fé e de sua verificação na prática[103].

---

103. Cf. PIÉ-NINOT, S. *Sensus fidei*. In: LATOURELLE, R. & FISICHELLA, R. *Dizionario di Teologia Fondamentale*. Assis: Cittadella, 1990, p. 1.131-1.134.

O tema está muito ligado à relação entre magistério e a totalidade do povo de Deus, de todos os batizados que participam do *munus* profético de Jesus Cristo. É o magistério do conjunto dos crentes. "A totalidade dos fiéis que receberam a unção do Santo (cf. Jo 2,20.27) não pode se enganar na fé; e essa sua propriedade peculiar se manifesta por meio do sentir sobrenatural da fé de todo o povo, quando este, "desde os bispos até ao último dos leigos fiéis" (citando Santo Agostinho), manifesta consenso universal em matéria de fé e costumes" (LG, 12).

"*O sensus fidei fidelis* não é um conhecimento reflexivo dos mistérios da fé, que desenvolve conceitos e utiliza procedimentos racionais para chegar às suas conclusões", mas é "uma reação natural, imediata e espontânea, comparável a um 'instinto' vital ou a uma espécie de 'faro', pelo qual o crente adere espontaneamente ao que está conforme a verdade da fé e evita o que se opõe a ela"[104].

A sensibilidade pastoral do Papa Francisco não deixou passar à margem de sua reflexão o senso da fé do povo. Em seu encontro com o clero em sua visita a Assis (Itália) assim se expressou: "Repito-o com frequência: caminhar com o nosso povo, por vezes à frente, por vezes no meio e outras atrás: à frente, para guiar a comunidade; no meio, para animar e sustentar; atrás, para manter unida, a fim de que ninguém se atrase demais, para conservar unida e também por outro motivo: porque o povo intui! Tem sensibilidade para encontrar novas sendas para o caminho, tem o *sensus fidei*, como dizem os teólogos. O que existe de mais bonito?"[105]

---

104. IGREJA CATÓLICA/Comissão Teológica Internacional. *O sensus fidei na vida da Igreja*, n. 54.

105. PAPA FRANCISCO. *Visita Pastoral a Assis* – Encontro com o clero e os consagrados, 04/10/2013 [Disponível em http://w2.vatican.va/content/francesco/pt/speeches/2013/october/documents/papa-francesco_20131004_clero-assisi.html].

Do outro lado da mesma moeda, o catecúmeno é o principal protagonista de sua *iniciação à vida cristã*. Significativa é a afirmação do Doc. 107 sobre a iniciação: "considera-se que os interlocutores da ação pastoral não são destinatários, mas sujeitos do processo" (n. 142). A inspiração catecumenal não somente tem como objetivo maior iniciar a pessoa no Mistério, torná-la sujeito iniciado na fé, mas também a considera, desde o início do processo formativo, sujeito, protagonista da caminhada.

O iniciando é sujeito do processo porque ele é levado muito a sério em seu contexto existencial, tanto religioso, cultural como social. Pelo fato de a inspiração catecumenal se distanciar radicalmente do modelo doutrinalístico, com ênfase na transmissão de conteúdos, o catecúmeno é sujeito do itinerário da iniciação. O catecúmeno não é objeto passivo que simplesmente recebe instrução religiosa, mas é sujeito ativo que mergulhará progressivamente, e de acordo com seu ritmo, no mistério de outra Pessoa, que é Jesus Cristo. "A iniciação à vida cristã é a participação humana no diálogo da salvação..." (Doc. 107, n. 96). É ele quem deve responder pessoalmente ao chamado à vida cristã.

Na pedagogia catecumenal o catecúmeno é tratado da forma como ele realmente é: adulto. Respeita-se suas questões existenciais; o acompanhamento é personalizado, é-lhe oferecida ajuda do introdutor, prioriza-se pequenos grupos, o conceito de experiência e de encontro pessoal são centrais, há dimensão da progressividade etc. Tudo isso no intuito de favorecer a individualidade e de promover a descoberta e o encontro pessoal com o Mistério.

Nos ritos catecumenais torna-se ainda mais evidente a centralidade do iniciando no processo iniciático. Não teremos condições de visitar aqui todos os ritos e celebrações.

Citamos duas ocasiões nas quais é possível intuir o iniciando como sujeito do processo.

• Na celebração de entrada no catecumenato o candidato à *vida cristã* é acolhido pela comunidade, é chamado pelo nome. Ser acolhido, ser chamado pelo nome é reconhecer sua identidade e historicidade. Há um diálogo entre o candidato e o ministro, em nome da Igreja. "O indivíduo pede à Igreja para receber a fé. A Igreja abre-lhe o caminho de Cristo, para que possa amadurecer sua existência colocando os alicerces da fé"[106]. Nesse mesmo rito há a assinalação da fronte e dos sentidos, como sinal do amor de Deus e força no discipulado.

• No rito de eleição o catecúmeno, ao ser eleito, é chamado a dar seu nome no livro dos eleitos. "Denomina-se 'eleição' porque a Igreja admite o catecúmeno baseada na eleição de Deus, em cujo nome age. Chama-se também 'inscrição dos nomes' porque os candidatos, em penhor de sua fidelidade, inscrevem seus nomes no registro dos eleitos" (RICA, 22). Percebe-se o protagonismo duplo: os dois sujeitos, a comunidade e o iniciando agem em sintonia. "Quem faz a eleição é a comunidade e coincide com a opção fundamental do candidato"[107]. Significativa ainda é a mudança de nome durante o processo. No início ele é simpatizando, depois, catecúmeno, a seguir, eleito e, por fim, iniciado na fé.

---

106. LELO, A.F. *A iniciação cristã*: catecumenato, dinâmica sacramental e testemunho. São Paulo: Paulinas, 2005, p. 57.

107. FLORISTÁN, C. *Catecumenato*: história e pastoral da iniciação. Petrópolis: Vozes, 1995, p. 167.

Conclusão

Partimos da afirmação de que o elemento primordial comum entre os três temas pastorais aqui estudados é a relacionalidade. Ela é comunional, relacional. A eclesiologia que sustenta cada uma dessas realidades é a da comunhão. Elas serão tanto mais fiéis à sua identidade quanto mais avançarem na cultura do encontro.

A estrutura paroquial *comunidade de comunidades* é essencialmente relação. Diversas são as formas pelas quais se concretiza essa realidade intercambiante: relação entre comunidade e os vários ministérios e serviços, relação entre pastorais e movimentos, relação entre comunidades e matriz, relação entre corpo, o presbiteral etc. Causa e, ao mesmo tempo, consequência da relacionalidade é a descentralização. Descentralização, sinodalidade, comunhão são termos que permitem melhor captar o caminho de renovação a ser percorrido pela nova paróquia.

Ser sujeito eclesial é direito de todo batizado. É nas relações eclesiais autênticas que se consolida a cidadania eclesial de cada fiel; fora das relações não há *sujeito eclesial. Comunidade de comunidades*, por aquilo que ela significa, é, portanto, o espaço para a pontencialização do protagonismo eclesial de todo batizado. Dialeticamente, somente autênticos *sujeitos eclesiais* terão condições para sustentar uma configuração que pretende ser *comunidade de comunidades. Iniciação à vida cristã* é relação com Jesus Cristo e inserção na comunidade de fé; é encontro pessoal com Jesus Cristo. Também aqui, portanto, habita a dinâmica da relação.

Não bastasse toda essa riqueza relacional em cada um dos três temas, a densidade da comunhão dessas realidades está igualmente no fato de ser ela, a relação, o elo que as une e o fio que costura os temas entre si. Longe de serem realidades independentes, elas existem na lógica da inter-relacionalidade e da complementaridade; ou seja, cada uma dessas realidades ajuda a desvelar a natureza mais profunda das outras. Cada uma dessas temáticas eclesiológico-pastorais sustenta e exige a outra.

Há íntima relação entre ser *sujeito na Igreja e na sociedade* e ser iniciado na fé. Somos verdadeiramente *sujeitos eclesiais* quando crescemos na consciência de nossa dignidade de batizados, quando assumimos livre e pessoalmente as interpelações da fé e nos abrimos às relações com Deus, conosco mesmos, com os outros, com o mundo (cf. Doc. 105, n. 124).

Com a chegada da Cristandade, a transmissão da fé que se dava pelo catecumenato entrou pelos caminhos da socialização religiosa; ou seja, a vida cristã passou a ser mais herança recebida do que escola de fé. Da passagem da iniciação à fé para a socialização religiosa está a perda do ser *sujeito eclesial* e da dimensão comunitária da vida cristã. Na socialização religiosa, todos, conscientes ou não, livremente ou não, são cristãos, sem necessariamente serem iniciados e sujeitos religiosos.

Iniciação à vida cristã quer formar *sujeitos eclesiais*, através do encontro pessoal com Jesus Cristo, que gera conversão, discipulado, inserção na comunidade eclesial, pertença, compromisso social. Ser iniciado em Jesus Cristo e ser *sujeito eclesial e social* são dimensões inseparáveis de um mesmo processo. Iniciação é adesão pessoal a Jesus Cristo, é configurar-se a Ele, é adquirir nova identidade, é participação existencial e sacramental no mistério pascal. Condição primeira para ser *sujeito* é passar de fiel passivo a protagonista da fé.

Somente a configuração eclesial *comunidade de comunidades* é capaz de ser casa da *iniciação à vida cristã*. A renovação da paróquia não se dará, naturalmente, por decreto. Ela vai exigir o envolvimento comprometedor de todos os atores eclesiais, no qual cada um, a partir de sua vocação específica, colocará seus dons a serviço da comunidade, pautada em relações adultas. Na mesma medida em que todos são convocados, pela graça batismal, a se desenvolverem como *sujeitos* na Igreja e na sociedade, são igualmente convocados, como que decorrente disso, a se envolverem na conversão das estruturas eclesiais. Nessa perspectiva, ser sujeito é dom e compromisso.

Referências

ALMEIDA, A.J. Por uma Igreja ministerial: os ministérios ordenados e não ordenados no "Concílio da Igreja sobre a Igreja". In: *Revista de Teologia e Cultura/Journal of Theology & Culture* [Disponível em http://ciberteologia.paulinas.org.br/ciberteologia/wp-content/uploads/2009/05/05jun-art-ministerial.pdf].

_____. *Leigos em quê?* – Uma abordagem histórica. São Paulo: Paulinas, 2006.

AWI MELLO, A. El Papa Francisco y la cultura del encuentro. In: *Medellín*, vol. XLIII, n. 169, set.-dez./2017, p. 721-750.

AZEVEDO, L.A.S. O Ano do Laicato e dos cristãos leigos e leigas do Brasil. In: *Sujeitos eclesiais, sal da terra e luz do mundo*: reflexões sobre o Documento 105. São Paulo: Paulinas, 2017 [Grupo de reflexão da Comissão Episcopal de Pastoral para o Laicato da CNBB].

BAUMAN, Z. *Modernidade líquida*. Rio de Janeiro: Zahar, 2001.

BENTO XVI. *Carta encíclica Deus Caritas Est*. 2. ed. São Paulo: Paulinas, 2006.

BRIGHENTI, A. A situação atual do laicato e sua missão na Igreja e no mundo. In: *Revista Eclesiástica Brasileira*, vol. 78, n. 310, mai.--ago./2018, p. 375-406.

_____. *Do sacerdote celebrante a uma assembleia sacerdotal* – Em que o Vaticano II mudou a Igreja, 3 [Disponível em http://www.amerindiaenlared.org/contenido/12094/do-sacerdote-celebrante-a-uma-assembleia-sacerdotal-em-que-o-vaticano-ii-mudou-a-igreja-3/].

CELAM. *Texto conclusivo da V Conferência Geral do Episcopado Latino--Americano e do Caribe*. São Paulo: Paulus, 2007.

_____. *IV Conferência Geral do Episcopado Latino-Americano* – Nova evangelização, promoção humana, cultura cristã: Jesus Cristo, ontem, hoje e sempre. São Paulo: Loyola, 1993 [Documento de Santo Domingo].

_____. *III Conferência Geral do Episcopado Latino-Americano* – Evangelização no presente e no futuro da América Latina: conclusões de Puebla. São Paulo: Paulinas, 1979.

_____. *II Conferência Geral do Episcopado Latino-Americano* – A Igreja na atual transformação da América Latina à luz do concílio: conclusões de Medellín. São Paulo: Paulinas, 1968.

CNBB. *Iniciação à vida cristã*: itinerário para formar discípulos missionários. Brasília: CNBB, 2017 [Documentos da CNBB, 107].

_____. *Cristãos leigos e leigas na Igreja e na sociedade* – Sal da terra e luz do mundo. São Paulo: Paulinas, 2016 [Documentos da CNBB 105].

_____. *Comunidade de comunidades: uma nova paróquia* – A conversão pastoral da paróquia. São Paulo: Paulinas, 2014 [Documentos da CNBB, 100].

_____. *Diretório Nacional de Catequese*. 2. ed. São Paulo: Paulinas, 2006 [Documentos da CNBB 84].

_____. *Catequese renovada*: orientações e conteúdo. São Paulo: Paulinas, 1983 [Documentos da CNBB, 26].

CONCÍLIO VATICANO II. Constituição Pastoral Gaudium et Spes sobre a Igreja no mundo de hoje. In: VIER, F. (coord.). *Compêndio do Vaticano II*: constituições, decretos e declarações. 29. ed. Petrópolis: Vozes, 2000.

_____. *Decreto Presbyterorum Ordinis*. 3. ed. Petrópolis: Vozes, 1968.

_____. *Decreto Ad Gentes sobre a atividade missionária da Igreja* (1965). Petrópolis: Vozes, 1966.

COZZENS, D.B. (org.). *A espiritualidade do padre diocesano*. São Paulo: Loyola, 2008.

DREIFUSS, R. *A época das perplexidades* – Mundialização, globalização e planetarização: novos desafios. Petrópolis: Vozes, 2001.

FAIVRE, A. *Os leigos nas origens da Igreja*. Petrópolis: Vozes, 1992.

FARES, D. *Papa Francisco*: la cultura del encuentro. Buenos Aires: Edhasa, 2014.

FERNÁNDEZ, V.M. (ed.). *Hacia una cultura del encuentro*: la propuesta de Papa Francisco. Buenos Aires: Educa, 2017.

FERREIRA, J.A. Mulheres e Paulo numa mesma evangelização. In: *Paralellus* – Revista Eletrônica em Ciências da Religião (Unicap) [Disponível em http://www.unicap.br/ojs/index.php/paralellus/article/viewFile/546/pdf].

FORTE, B. *Igreja, ícone da Trindade*: breve eclesiologia. São Paulo: Loyola, 1987.

FRIEDMAN, T. O *mundo é plano*: uma breve história do século XXI. Rio de Janeiro: Objetiva, 2007.

FUENTE, E.B. El fundamento teológico de la sinodalidad. In: *Scripta Theológica* – Revista de la Faculdad de Navarra, vol. 48, n. 3, dez./2016, p. 649.

IGREJA CATÓLICA/Comissão Teológica Internacional. A *sinodalidade na vida e na missão da Igreja*. Brasília: CNBB, 2018 [Documentos da Igreja, 48].

JOÃO PAULO II. *Ecclesia in America* – Sobre o encontro com Jesus Cristo vivo, caminho para a conversão, a comunhão e a solidariedade na América. Vaticano, 1999.

_____. *Exortação Apostólica Christifidelis Laici sobre a missão dos leigos na Igreja e no mundo*. São Paulo: Paulinas, 1989.

_____. *Exortação Apostólica Catechesi Tradendae* (1979). São Paulo: Paulinas, 1983.

LIBÂNIO, J.B. *Concílio Vaticano II*: em busca de uma primeira compreensão. São Paulo: Loyola, 2005.

LIMA, L.A. A *face brasileira da catequese* – Um estudo histórico-pastoral do movimento catequético brasileiro das origens ao documento "Catequese renovada". Roma: Pontifícia Universidade Salesiana, 1995 [Tese de doutorado].

LIPOVETSKY, G. & SERROY, J. A *cultura-mundo*: resposta a uma sociedade desorientada. São Paulo: Companhia das Letras, 2011.

MAFFESOLI. M. *O tempo das tribos* – O declínio do individualismo nas sociedades de massa. 4. ed. Rio de Janeiro: Forense Universitária, 2006.

MIRANDA, M.F. A sinodalidade na vida da Igreja. In: GODOY, M. & JÚNIOR, F.A. (orgs.). *50 anos de Medellín* – Revisando os textos, retomando o caminho. São Paulo: Paulinas, 2017.

_____. É possível um sujeito eclesial? In: *Perspectiva Teológica*, ano 43, n. 119, jan.-abr./2011. Belo Horizonte.

_____. Igreja local. In: *Atualidade Teológica*, vol. 14, n. 34, jan.--abr./2010, p. 34. Rio de Janeiro.

_____. *A Igreja numa sociedade fragmentada*: escritos eclesiológicos. São Paulo: Loyola, 2006.

OLIVEIRA, R.M. *O movimento catequético no Brasil*. São Paulo: Salesiana, 1980.

PAPA FRANCISCO. *Carta do Papa Francisco ao Cardeal Ouellete, presidente da Pontifícia Comissão para a América Latina* [Disponível em http://w2.vatican.va/content/francesco/pt/letters/2016/documents/papafrancesco_20160319_pont-comm-america-latina.html].

_____. *Meditações matutinas na santa missa celebrada na capela da Casa Santa Maria* – Por uma cultura do encontro. Terça-feira, 13/09/2016 [Disponível em http://w2.vatican.va/content/francesco/pt/cotidie/2016/documents/papa-francesco-cotidie_20160913_cultura-do-encontro.html].

_____. *Encontro com os jornalistas durante o voo papal ao Brasil*, 22/07/2013 [Disponível em http://w2.vatican.va/content/francesco/pt/speeches/2013/july/documents/papa-francesco_20130722_gmg-intervista-volo-rio.html].

_____. *Exortação Apostólica Evangelii Gaudium: a alegria do Evangelho* – Sobre o anúncio do Evangelho no mundo atual. São Paulo: Paulus/Loyola, 2013.

_____. *Vigília de Pentecostes com os movimentos eclesiais, as novas comunidades e associações laicais*, 18/05/2013 [Disponível em http://w2.vatican.va/content/francesco/pt/speeches/2013/may/documents/papa-francesco_20130518_veglia-pentecoste.html].

REINERT, J.F. *Inspiração catecumenal e conversão pastoral.* São Paulo: Paulinas, 2018.

_____. *Paróquia e iniciação cristã* – A interdependência entre renovação paroquial e mistagogia catecumenal. São Paulo: Paulus, 2015.

ROUTHIER, G. A paróquia: suas imagens, seus modelos e suas representações. In: BORRAS, A. & ROUTHIER, G. *A nova paróquia.* Coimbra: Gráfica de Coimbra 2009.

SANTOS, B.S. *A gramática do tempo.* São Paulo: Cortez, 2006.

SCHILLEBEECKX, E. *Por uma Igreja mais humana* – Identidade cristã dos ministérios. São Paulo: Paulinas, 1989.

TOURAINE, A. *Pensar outramente*: o discurso interpretativo dominante. Petrópolis: Vozes, 2009.

_____. *Um novo paradigma*: para compreender o mundo de hoje. 3. ed. Petrópolis: Vozes, 2007.

_____. *Crítica da Modernidade.* Petrópolis: Vozes, 1994.

VELASCO, R. *A Igreja de Jesus*: processo histórico de consciência eclesial. Petrópolis: Vozes, 1996.

VILLAR, J.R. Sinodalidad: Pastores y fieles em comunión operativa. In: *Scripta Theologica* – Revista de la Facultad de Teología de la Universidad de Navarra, vol. 48, n. 03, dez./2016, p. 674.

WOLFF, E. O ecumenismo no horizonte do Concílio Vaticano II. In: *Atualidade Teológica*, vol. 15, n. 39, set.-dez./2011, p. 211. Rio de Janeiro.